ISBN : 978-2-38014-031-6
EAN : 9782380140316
Collection « Les Inclassables de l'ODS »
ISSN de la collection : En cours
Dépôt Légal : Août 2021

Mise en page : Sabrina Pamies
Illustration de couverutre : Liberdesign©

Pierre-Jean CANQUOUET

Le Pays
aux mille couleurs invisibles

Septembre 2016

Les éditions de l'Œil du Sphinx

LIBER OPUS 0

Le Livre qui LIBER se veut le reflet des Grâces de l'Ordonnateur des subtiles réalités et se nomme

Le Pays aux mille couleurs invisibles

DEDICACE

Sous l'inspiration du Zohar et du Sepher Yetzirah.

Sous la protection de l'Arbre de Vie.

Sous la guidance d'Abraham Aboulafia et Isaac Louria.

Toute mon admiration à Dominique AUBIER.

Ma profonde reconnaissance à Omraam Mikhaël Aïvahov , guide de Sagesse.

Merci à mes inspirateurs, A.E en approche de la poésie et Maurice MAGRE en approche des mystères.

"*Pour celui qui devient conscient de l'existence de son monde intérieur et qui s'applique à y travailler avec précision et clarté, en utilisant les plus belles couleurs et les plus belles formes, la reconnaissance de la société ne compte plus tellement: il sait, il sent que son travail est là, en lui, il ne peut pas se décourager, il ne peut pas douter. Il est peintre, sculpteur, architecte, et il vit au milieu de ses créations.*"

Omraam Mikhaël Aïvahnov

AVANT-PROPOS

Genèse de l'opuscule.

Il y a des années, à Nice, une amie astrologue m'avait annoncé que j'écrirais un livre de règles et de lois. Heureusement, elle s'est trompée car, saisi par les alizés de l'imaginaire, je me suis envolé vers des contrées dont la seule contrainte est l'inspiration. Autre erreur, ce n'est pas un livre mais une mosaïque de petits évènements au caractère particulier, des perceptions, des méditations que le moment rendait presque surnaturels. J'ai essayé de traduire ces petits clins d'œil du réel en feuillets volants et ils se sont installés librement dans une cohérence sous-jacente qui n'est autre que l'ordre du vrai et du beau, selon mon expérience, forcément limitée. Je n'ai pas cherché à faire du poétique et du profond, j'ai respecté cet état d'être qui a trouvé dans ma disponibilité de l'instant un creuset favorable à son alchimie silencieuse : telles sont ces empreintes fugaces, ces signatures rapides de ces liens rares et subtils avec une surnature qui se dévoile en un éclair. Ce sas vers l'indicible est une physiologie secrète qui attend d'être redécouverte et la culture de cette inspiration est un guide sûr pour ces espaces inexplorés et la découverte de leur géographie.

Sous l'inspiration de A.E. le grand poète mystique du renouveau celtique, je m'instruis de ce que me souffle mon esprit tutélaire.

A.E pratiquait la « poésie rétrospective » et, à la poésie près, je marche sur ses traces.

Ce passage secret est l'apanage de tous. Il suffit d'écouter le silence puis de l'interroger. Si la voix de ce silence ne te parvient pas, pourquoi ne pas demander quelles sont les bonnes questions ?

PRÉFACE

Pierre-Jean Canquouët aime depuis toujours deux choses : la kabbale et AE. Le second, théosophe irlandais qui fut un homme politique de premier plan, mais aussi un poète et un peintre, a développé un art rempli d'images fabuleuses insérées dans une vie mystique personnelle du plus haut niveau ; la première, on le sait, a exploré les mystères du dieu créateur et législateur de la tradition juive en s'appuyant sur les symboles et en usant de la faculté intellectuelle d'une façon exceptionnellement fine. Le livre de Pierre-Jean Canquouët, *Le Pays aux mille couleurs invisibles,* allie dans son titre même ces deux inspirations : AE a parlé d'un pays aux mille couleurs, mais la kabbale l'affirmera invisible, parce qu'elle sonde l'action de l'Esprit.

Or, ce pays, pour l'auteur, n'est ni une dimension parallèle conjecturée par la science moderne, ni un simple rêve, mais une réalité intime et personnelle, dans laquelle on entre en toute conscience. Pierre-Jean Canquouët tente d'y percer à jour son propre mystère, évoquant ses vies antérieures, et plaçant son existence en relation avec l'énigme de l'alphabet hébreu doué d'âme et de conscience – somme de pensées angéliques émanant du père universel. Il fait parler ces lettres, et c'est lui qui parle à travers elles, mais lorsqu'il leur pose la question de qui elles sont, c'est elles qui parlent à travers lui.

Car au fond de soi il distingue celui, ou ceux qui exigent de l'être humain la quête spirituelle, et il accueille libéralement leur voix, il le fait même avec une joie, un plaisir, une jouissance d'imaginer, d'écrire, de créer, qui reflète évidemment le sentiment des anges lorsqu'ils ont assisté à la création nouvelle : les Psaumes, dans la Bible, en parlent. Il se regarde lui-même sondant l'invisible et y projetant des images qui l'éclairent, et il en éprouve la volupté ordinaire au poète authentique, à l'artiste.

Son goût pour les jeux de mots savants et subtils nous rappelle les plus belles pages de Guillaume Apollinaire ou Charles Duits, et dans la sensation qui en découle les énigmes se font jour, parce que l'Esprit découvert distribue sa grâce suave au cœur. L'enthousiasme des artistes a-t-il jamais eu une autre cause ?

On verra du Borgès, dans ce livre-bilan d'une vie, et dans ses énoncés mystérieux et ses images évanescentes, énigmatiques. C'est une des références majeures de Pierre-Jean Canquouët.

On verra aussi nourrir la mythologie du Razès et de la haute vallée de l'Aude, puisqu'il affirme que les dieux andains y sont venus, y ont rayonné, et qu'il nous décrit une vie antérieure en Catalogne : et qui ne sait que la grande Gothie embrassait aussi bien la Catalogne que l'Occitanie ? Qu'elle correspond au territoire dans lequel les seigneurs ont assez défendu les cathares contre l'Église catholique pour susciter une guerre avec le roi de France ? Or, indéniablement, dans cet art de Pierre-Jean Canquouët qui place, dans la lumière mystique émanant de soi, des images et des formules fabuleuses et magiques, il y a l'héritage cathare.

L'autre grande référence du poète kabbaliste est

Maurice Magre et, comme lui toulousain, il tente de saisir dans la beauté même du paysage la grâce divine - trait manichéen, disait Henry Corbin. Du paysage, et de sa vie - car, même si cela n'apparaît pas aisément au profane, c'est au fond ses mémoires les plus intimes que Pierre-Jean Canquouët a rédigés dans ces cent pages, y plaçant tout son être, et les fignolant et les méditant durant de nombreuses années.

Lecteur, entre ici à pas comptés : c'est une âme, que tu t'apprêtes à découvrir ; car ce livre est son temple.

Rémi Mogenet.

Rémi Mogenet, né en 1969 à Paris, est poète et écrivain. Auteur de plusieurs recueils et récits, il gagne sa vie en enseignant le français et la littérature. Docteur ès Lettres, il a vécu essentiellement à Paris, en Haute-Savoie et dans le département de l'Aude. Il a eu la chance de rencontrer Pierre-Jean Canquouët en s'installant à deux pas de chez lui, et est heureux de présenter son ouvrage majeur.

I
IMMANENCE DE LA BEAUTÉ INVISIBLE

Car toutes les sagesses accumulées depuis des siècles nous enseignent qu'il faut faire naufrage pour être enfin jeté par la mer sur l'île des fontaines d'argent et des citronniers d'or.

Maurice Magre - La Beauté Invisible

Pour communiquer avec vous, j'ai choisi le prétexte de la beauté. Ce thème semble si volatil, si léger, si aérien qu'il peut paraître présomptueux de vouloir essayer d'en faire le sujet central d'une réflexion et d'activités à la fois profondes et ludiques. Pourtant c'est bien ce sujet qui s'est imposé à moi, comme s'il avait ses propres lois, son propre programme et que mon seul choix était de le présenter et de l'accompagner dans les révélations qu'il avait envie de nous faire. J'en parle comme d'une entité vivante et ayant une volonté propre, mais c'est plutôt un monde qui s'impose à moi, un monde dont l'existence est si vaporeuse pour nous, si mystérieusement présente au détours des poèmes et des chants mais aussi des sourires et des regards qui se contentent du silence. Dans mes réflexions, mes méditations et mes rêves, j'ai souvent cherché une idée, une image, une histoire, un dessin qui puisse être le messager d'une réalité globale, un thème qui pourrait rassembler toutes les adhésions et ouvrir la porte des âmes et leur permettre de respirer. Où est la beauté ?

N'est ce pas un luxe d'en parler dans un monde pour lequel ce mot n'est qu'un mot ? Ce mot s'est présenté à moi et sa haute fréquence m'a tétanisé : il fallait faire quelque chose pour lui, il était en voie de disparition et son utilisation comme celle de beaucoup de ses amis en révélation souffrait de dévaluation. Pour qu'il puisse laisser une trace, rester dans les mémoires, il lui fallait un barde, un chantre qui ose proclamer à voix basse, dans l'intimité d'un groupe de poètes disparus, l'importance de sa survie et l'immense nécessité de son retour aux affaires dans le silence des cœurs. Ainsi ai-je écouté le rythme accéléré de mon cœur, ai endossé ma tenue de barde et me voici maintenant parcourant les hautes vallées de l'âme à la recherche de la source du chant. La beauté est-elle immanente comme un parfum disparu presque avant d'être perçu mais laissant un souvenir ineffable et ineffaçable d'une réalité bien au-dessus de nos moyens de perception habituels ? Sans l'avoir beaucoup servie si ce n'est d'une manière désordonnée et sans en mesurer toutes les exigences, mon intuition me souffle que c est une maîtresse extrêmement difficile, toujours insatisfaite, car il ne s'agit de rien de moins que de faire œuvre divine pour le prétendant maladroit. La plus grande humilité s'impose dans cette recherche sans objet visible. D'ailleurs, elle ne cherche pas de serviteurs puisqu'elle a déjà tout en elle. Son monde est complet, parfait, car elle est la garante d'un ordre supérieur, née avec l'univers et porteuse de sa continuité. En effet, même si ce mot est en perdition, peut-on imaginer vivre dans un monde sans beauté ? C'est le rêve de tous, que tous croient impossible et pourtant sans lui plus rien n'a de sens. La beauté est-elle l'ordre du vrai, ou la grâce de la vérité ?

Ainsi, au seuil de mon histoire d'amour avec la beauté, j'affronte le même dilemme que l'amoureux d'une étoile ? Suis-je un soleil pour prétendre l'intéresser ? En tant que menue planète, je suggèrerai juste deux ou trois choses que j'ai cru percevoir d'elle et encore était-ce juste en réponse à mes propres balbutiements en ma qualité d'apprenti au service de la beauté.

Où vit la beauté, quel est son cycle d'apparition, de quoi se nourrit-elle ? Est-elle fidèle à ses amants ? Et pourquoi toutes ces questions à une déesse qui n'est pas de cette dimension et pour laquelle notre monde a si peu d'intérêt ? C'est que l'amoureux de la beauté ne peut se passer de cette signature qui transfigure la réalité ou plutôt qui la revêt de son vrai visage.

De quels nouveaux organes sensoriels doit-on apprendre à s'équiper pour la percevoir à tout moment et ainsi faire de l'émerveillement une nouvelle conscience permanente ? Une qualité que je sais d'elle, je pourrais la qualifier de quintessence ou de fragrance : un élément infiniment subtil qui ouvrirait une porte sur une splendeur inconnue soudain révélée magiquement. Elle effacerait dans l'âme la nostalgie du paradis que l'on croyait perdu et qui soudain surgirait hors d'une faille temporelle pour se dévoiler totalement. Sa clarté délivre un message sur l'éternelle jeunesse de l'instant présent. La beauté illumine la pleine perception de ce moment unique, comme la musique qui scande le temps en le magnifiant.

Je pourrais aussi la raconter le soir où elle m'est apparue dans le regard profond et interrogateur d'une inspiratrice inconnue. Alors que je la contemplais dans son expression si vivante et si retenue à la fois comme pour exprimer une demande muette : Que regardes-tu avec autant d'intensité et de vénération ? Est-ce le visage qui s'offre à toi ou bien l'archétype originel qui l'a façonné ? Il y avait une certaine gravité dans son expression comme si elle acceptait difficilement de disparaître derrière un principe éternel qui la dépassait et dont elle n'avait pas encore la pleine conscience. Pourtant avec simplicité, elle m'offrait son sourire et ses lèvres en acceptant que dans cette communion, elle fût le temps d'un soir la messagère de la grande déesse. Dans notre fusion, j'essayais d'émaner de moi une énergie différente de la simple impulsion amoureuse. J'habillais mes caresses de soie et de velours pour mieux glisser dans le ressac de nos respirations accélérées. J'essayais d'innover un rythme musical qui permette à l'amour d'exhaler un nouveau chant. Progressivement, nos corps se mirent au diapason d'une étrange perception faite de mystère comme quand on découvre une nouvelle architecture ou une nouvelle façon d'assembler des éléments disparates. Justement la beauté se tient là au seuil des nouvelles révélations dans l'instant où notre souffle est coupé sous l'effet de la surprise. Dans ce non-temps infime, dans ce passage entre deux mondes, la grande déesse est là, prêtresse des réalités inconnues. Cette beauté était tapie dans le mystère des yeux de ma muse d'un soir porteuse d'un message de l'éternité. Car en nous mêlant puissamment au ressac du temps, nous en avions perdu toute perception et notre escapade au pays des intensités du cœur nous avait révélé la magie de l'instant présent et soustrait à la tyrannie du sablier. Comment rester dans la conscience de la beauté quand elle est déjà partie investir d'autres aventuriers du nouveau regard ? En parlant d'elle, je sens son parfum autour de moi et elle revêt les êtres et les objets d'une lumière invisible. Il faut regarder au-delà de la forme pour percevoir ce vêtement particulier qui donne du sens à tout. Serait-elle alors le filigrane d'or du sens au-delà des sens ? Serait-elle la grande architecte des formes de la nature, celles que l'on voit et celles qui ne se dévoilent qu'à celui dont le cœur va plus vite que la raison ?

Aujourd'hui, l'actualité de la beauté est complètement différente : elle est dans la profondeur des interrogations comme si j'allais la chercher au fond d'un puits sans fond. Y-a t-il un fond au bout de nous-mêmes ? Nous traquons notre réalité, nous poursuivons inlassablement notre identité à travers la multiplicité des formes et voilà que nous oublions que notre essence est au-delà de tous ces miroirs. Quand nous nous perdons dans le regard de l'autre ou dans la douceur de son corps, nous avons oublié pendant ce moment l'identité unique éternelle que nous sommes tous mais que notre voyage dans la densité nous fait enfouir dans une mémoire inaccessible parce que férocement cadenassée. Et voilà qu'au détours d'un chapitre de cette quête insensée, l'élément essentiel surgit et nous laisse effarés, car les qualités, les couleurs et les intensités dont il est porteur nous révèlent l'existence d'un autre monde et ce nouvel univers est juste le réveil brutal de cette mémoire volontairement effacée.

Et voilà que l'Amour me ramène à la Beauté. Elle est bien là dans l'intensité du non-dit et du puissamment vécu. Elle s'entrelace autour de nos multiples expressions et ajoute à tous ces instants la parure de la perfection. Elle donne de l'éclat aux joyaux des cœurs enfin libérés et qui osent exprimer les accents du bonheur nouveau-né. Plus on retient ses gestes et son souffle et plus l'espace pour l'accueillir grandit et son chant devient de plus en plus expressif et se rapproche vertigineusement de l'innocence originelle. Mais au chant de l'innocence se superpose le contrepoint de la chanson d'expérience dont l'inlassable continuo rappelle nos innombrables incursions dans les corridors du temps.

Je pressens sa visite. Le signe avant-coureur est un léger tressaillement de tout l'être qui soudain est confronté à une autre réalité, à une autre fréquence. Ma respiration s'accélère et mon dos s'anime d'une étrange vibration. Je ferme les yeux et écoute son message silencieux. Des images arrivent et tout simplement j'écoute et regarde à l'intérieur de mon espace sacré ainsi révélé. Cette haute retraite s'agrandit vertigineusement et je prends conscience brusquement avec inquiétude et ravissement que tout mon corps est concerné comme s'il intégrait une nouvelle biologie ou retrouvait une ancienne géométrie qui soudain se superpose à la forme visible. C'est comme un véhicule qui m'entoure et qui est en même temps moi-même. Je sens que je dois l'apprivoiser et que notre future complicité nous fera pénétrer dans des nouvelles dimensions. Comme une gardienne de ces futures révélations, je ressens de nouveau le tressaillement familier qui est le code d'accès sur les chemins de la beauté, sur les sentiers du merveilleux. Je me laisse guider, je m'abandonne totalement à cette magnificence et j'émets humblement le vœu de ne pas éclater... Mais non, tout se calme, tout rentre dans la paix et doucement, en me guidant de ses mains diaphanes, elle me fait glisser doucement dans l'espace du rêve…

II
GUIRLANDE AUTOUR D'OBJETS DE NATURE DIVINE

Introduction

Mes intrusions rapides dans les replis de passés imaginaires ont pris pour se dévoiler des visages d'acteurs d'historiettes qui ont installé leur résidence symbolique sur une structure qui l'est tout autant dans la tradition séculaire hébraïque : l'Arbre de vie des Séphiroth, les attributs divins comme des allégories bienveillantes au service de la sagesse. Ainsi s'est constitué naturellement un arbre des vies imaginaires

ARBRE DES VIES IMAGINAIRES

Il y a peut-être dix vies imaginaires à dérouler pour exorciser des passés douloureux ou des futurs possibles.

KETHER Au bout de tous les ismes.
HOKMAH En Espagne, Marisa, Pedro Juan.
BINAH En Egypte, le Gardien du temple du temps.
DAATH Mémoire d'étoile.
HESED Les clefs du Royaume.
GUEBOURAH En Allemagne romantique.
TIPHERETH La face cachée du cœur.
NETZACH Le rêve : Hrani.
HOD Incertitude.
YESOD N'OEUF Le jour des 22 OFNI
MALKOUTH Au temps des hébreux,
Ileana et le berger.

KETHER Le Diamant Primordial

Au bout de tous les « ismes »

L'Eternel pèlerinage m'a conduit au bout du monde, sur un isthme étroit coincé entre deux océans dont la couleur et le nom changeaient souvent comme pour donner un visage à mon voyage. Après la mer des orages et l'océan tumultueux des passions, la mer de la tranquillité est apparue avec le chatoiement de son bleu turquoise, puis la mer de la sérénité où la seule agitation est celle des reflets des nuages sur son miroir étale. Sur ces rivages infinis la seule réalité est la révélation visible et fugace de ma géographie intérieure. Et cet isthme qui se prolonge vers partout et nulle part illustre le bout de ma quête. La voie étroite qui se prolonge aussi loin que portent mes yeux m'invite au dépassement de tous les chemins qui menaient à moi-même : j'existe, je me suis rencontré. J'ai endossé des identités multiples, mais ce sont les circonstances qui m'ont fait prendre ces masques au sérieux, m'identifier à eux et imposer au monde ces identités passagères. Tous les ismes y sont passés : christianisme, humanisme, judaïsme, conservatisme, athéisme et autres illusionnismes aux visages fascinants des obscurantismes sur le marché du leurre aujourd'hui. L'illuminisme alors ? Au moins, on y voit plus clair sauf si on se sert de la lumière des autres pour devenir une star, faux reflet des étoiles.

Je chemine sur mon propre isthme au bout de tous les ismes, un genre de bouddhisme nouvellement apparu, sans règle ni loi ni dogme, un sentier étroit entre les vagues des identités successives, criant mon nom partout pour qu'il triomphe des échos déformés et passagers et voilà que, soudain, tout disparaît, un nouveau rivage apparaît noyant tous les océans des apparences et il m'accueille dans une clarté nouvelle : le pèlerin a rejoint son dernier rivage.

HOKMAH Le Verbe Architecte

Vie imaginaire en Espagne

Marisa pleure désespérément. Son corps est secoué de sanglots : avec toute cette eau qui s'écoule, il lui semble que c'est son sang qui fuit et qui emporte sa vie. En quelques secondes, son univers a basculé dans le vide et l'horreur de la solitude. À travers ses yeux brouillés, elle regarde Augusta et elle est partagée entre la tendresse naturelle qu'elle lui porte et une vague nouvelle de profond ressentiment qui monte. Elle sort précipitamment de la petite maison, remonte en courant la ruelle étroite du village et sur la butte qui domine l'humble groupe de maisons, elle scrute avidement l'horizon infini. Dans cette plaine immense, aride et battue par les vents, rien n'arrête le regard et effectivement, malgré le soleil déjà haut, aucune ombre ne s'y profile. Elle reste un instant immobile, ses tremblements se calment et elle essaie de mettre un peu d'ordre dans cette tornade d'émotions. Pourquoi ne pas avoir parlé à Augusta de ses sentiments naissants qui transforment la camaraderie des jeux d'enfants en une sensation de douceur et de complicité plus intense qui insensiblement envahit le cœur et le corps ?

Dans l'Aragon du treizième siècle, rien n'est simple : la vie est d'une rudesse exemplaire, l'existence est courte et tout va très vite. Le temps des jeux est compté, les amours sont brèves, des enfants apparaissent, beaucoup disparaissent et les survivants se battent avec la vie quand ils ne la perdent pas dans des petits conflits locaux aussi brefs que meurtriers.

Marisa, quinze ans, une jolie brunette pleine de vie, réalise brutalement que la vie sans Pedro Juan devient un désert uniforme sans aucune oasis pour étancher sa soif d'amour et d'espoir. Complètement vidée, elle retourne à pas lents au village, évite la maison d'Augusta pour qu'elle ne sente pas la haine qui cherche à s'installer en elle. Elle détache son âne, prend l'étroit sentier qui mène au village voisin tout proche et se demande comment le fil de sa vie va pouvoir continuer à se dérouler. En cheminant, elle raconte tout à Blanco le petit âne aux poils ras et clairs qui a grandi avec elle et ses doux yeux remplis d'une sagesse millénaire, il acquiesce de la tête. Calmée, elle pense de nouveau à Pedro Juan. Où va-t-il ? Que veut-il faire et surtout reviendra-t-il ?

Pedro Juan est parti ce matin avant l'aube avec quelques maigres provisions et les habits qu'il avait sur le dos. La veille, un colporteur est venu chez Augusta, sa mère, pour donner des nouvelles du pays et vendre des conseils et des prières, quelques plantes médicinales pour les rhumatismes d'Augusta qui en est percluse malgré sa jeunesse. Il cherchait aussi un apprenti pour l'école de sagesse de la lointaine Girona, très loin vers le soleil levant. Il a décelé dans le jeune garçon des capacités d'apprendre : il aime contempler les étoiles, il est toujours perdu dans ses rêves et adore dire et redire les jolis mots du castillan.

Toujours distrait, il aide peu efficacement sa mère qui le rudoie souvent, lasse et affaiblie par les nombreuses grossesses à l'issue tragique. Son mari est parti défendre une cause obscure et n'est pas revenu. Elle a décidé, la mort dans l'âme, de confier son fils au vieux sage pèlerin. Pedro Juan ne réalise pas très bien ce qui lui arrive : il se sent tiraillé entre son désir d'apprendre, son goût de la philosophie et de la poésie et la perte de son monde familier et surtout du sourire de Marisa. Pouvait-il contrarier sa mère et refuser cette séparation ? La peur de la misère et de l'ignorance a été la plus forte et de toute façon un garçon de quinze ans n'est pas maître de son destin. Il regarde le soleil qui se lève, ravale sa peine confuse et essaie de se projeter vers les merveilles qui l'attendent.

À l'orée de son village, Marisa contemple l'immense plaine vers l'est, qui plus loin que le bout du monde retrouve la mer et essaie de deviner comment la petite source qu'elle est rejoindra les eaux originelles. La rage la reprend au milieu de sa méditation et elle crie à l'oreille de Blanco, effaré par sa violence : « Qu'il aille au diable avec sa sagesse ! ».

Devenu kabbaliste, des décennies plus tard Pedro Juan repassa dans son village lors de ses pérégrinations. Personne ne le reconnut : vieux, courbé, seul son regard de braise trahissait le feu qui brûlait en lui. Augusta était morte depuis longtemps. Seule Marisa aurait pu reconnaître l'acuité de son regard, mais elle avait quitté son village et consacré sa vie à créer et développer un orphelinat en Andalousie loin vers le Sud, mais proche de la mer.

Dis-moi, la vie ! Que nous veux-tu ? Dans cette vie imaginée, notre degré de liberté est quasi nul, comme si on regardait un film dont on serait juste l'acteur innocent. Où est le grand Metteur en scène de tous ces spectacles le plus souvent tragiques ? Faut-il parcourir tous les chemins de la douleur pour déboucher un jour inconnu dans la clairière du bonheur ? Il est comme une fiancée qui attend patiemment que son chevalier, ivre de souffrances, vienne enfin lui confier son goût définitif du nectar et du miel, de la joie simple.

Alors Marisa, courage, les méandres de ton fleuve deviennent plus doux, son cours est plus calme : la mer de la sérénité fait entendre son clapotis berceur. Et surprise ! Sur le rivage des mondes infinis, ton chevalier est là. Il danse, nu avec tous les enfants que tu as accompagnés dans d'autres temps et que tu n'as pas eus avec lui, occupé qu'il était à d'autres enfantements moins souriants. Le chemin de la douleur est fini : insensiblement il se transforme en lumière et transfigure la réalité : une nouvelle éternité vient de naître.

BINAH Le Chrono-Maître

Le temple du temps

Je n'ai pas de nom : pourquoi une identité quand on traverse les siècles et qu'on ne rencontre jamais les mêmes visages au cours des cycles ? Ma fonction est simple : je veille sur la virginité d'un temple où sont gardés les secrets de l'univers. Peu d'êtres pénètrent en ce lieu car les portes n'obéissent qu'à la pureté de cœur du postulant et à la droiture de ses âmes. Ils viennent consulter les bibliothèques vivantes du passé, du présent et du futur pour découvrir ou confirmer leur mission sacrée. Je les accompagne à l'emplacement adéquat et je me retire ensuite, respectant leur rencontre avec leur futur. J'entends les portes se refermer avec un bruit sourd et je sais qu'une nouvelle clarté vient de surgir à la surface du monde extérieur où je ne m'aventure pas car je ne peux m'accorder un moment d'inattention. Cependant, je sais à quoi il ressemble. Je le trouve beau et sans limite. Je monte des escaliers infinis, je m'introduis dans une des statues cyclopéennes qui dominent le temple et par les orifices des yeux, je contemple la majesté du désert. Je reste des heures à méditer, à observer les variations des couleurs dans les volutes liquides des mirages qui dévoilent d'autres réalités non soumises à la pesanteur. J'attends avec délice le moment où la majestueuse coupe rouge dit adieu au monde et lui prodigue le repos. Le matin, avec une couleur nouvelle, le Maître de toute vie sort de ses rêves et en dessine l'énigmatique alphabet dans les serpentins de sable. J'essaie de les déchiffrer, mais je cède bientôt à l'ivresse du mouvement, je vais danser dans les immenses salles désertes et mes pas écrivent sur la poussière les messages du sable doré. Quand le temps de la danse est achevé, la poussière s’est évanouie dans l’air et l'énigme a retrouvé son mystère.

Aujourd’hui, tout va bien. Rien à signaler : le temps s’écoule normalement et la lumière est constante. Je ferme mes yeux de pierre et silencieusement envoie mon rapport de Veilleur du temple du Temps aux dieux bienveillants.

Je n’ai pas de nom, je suis juste un fil du temps, un humble filigrane couleur sable sur son indéchiffrable tissu. Brûlés par le soleil intense, mes yeux contemplent inlassablement les entrelacements amoureux nés du dialogue éternel du sable gorgé de chaleur et de la lumière portée par le vent, sablier aérien et spiralé égrenant avec une patience infinie les perles de l'éternité et les infimes cristaux des vies innombrables. Le monde s'efface et dans l'espace éclairé par ma vision intérieure, des temps sans nombre s’étendent devant moi.

DAATH Le Grand Passage

Mémoire d'étoile

Quand toutes les combinaisons des 22 lettres créatrices seront apparues (22 !), sous forme d'étoiles, l'univers cessera de s'expanser et comme il ne peut rester dans un état entropique, il rentrera immédiatement dans sa phase de retrait pour redevenir un point c'est tout. Ce foisonnement jubilatoire d'entités célestes ressemble à celui de nos cellules avec une numération tout aussi vertigineuse ! Se peut-il que chaque émergence laisse en nous une trace de mémoire reflet de l'histoire de l'évolution du monde, un calendrier de l'univers greffant en nous une astrologie stellaire ? Lire cette carte en perpétuelle mise à jour ne relève pas du mental connu, mais d'un nouveau sens à retrouver et à ranimer. En quelque sorte un mental supra-luminique fonctionnant à la même vitesse et capable de dialoguer avec elle et d'amener à la conscience, en temps réel les dernières nouvelles du cosmos. Si nous sommes constitués de la matière des étoiles, nous avons à conquérir l'héritage de la mémoire stellaire, qui raconte toute l'histoire depuis que la Lumière a jailli du non-manifesté.

Te souviens-tu du temps avant le temps où ton histoire n'était encore qu'un vague projet sans forme ? Alors, tu te mouvais dans une conscience globale à la surface de l'indéterminé.

Après quelques éons, la mesure du non-temps, le Grand Rêveur a décidé de donner un visage à sa méditation créatrice. Avec une insoutenable intensité,

Il s'est rétracté sur Lui-même et dans cet espace créé par son retrait, la Lumière a fait son apparition sous la forme d'étoiles et dans cette fulgurance, a libéré ton histoire. Quand tu quittes le soir ton état de veille active et que revient vers toi ce vertige des nuits étoilées peuplées de mondes innombrables, ta mémoire d'étoile oubliée se représente devant toi pour que tu retrouves tes contours infinis qui sont ceux de ta conscience illimitée. Le Grand Rêveur t'attend là sur les rivages des mondes infinis pour que tu deviennes l'acteur incarné de son Rêve.

Alors, pèlerin de l'éternité, qui es-tu, petite poussière indéterminée ou gardien éveillé de ta mémoire d'étoile ?

HESSED L'Entrée Ouverte au Palais Fermé du Roi

Les Clefs du Royaume

Je ne suis ni l'aile droite, ni l'aile gauche, je suis l'oiseau (vieux proverbe de Patagonie, contrée improbable, immémoriale et inaccessible, dernier bastion des réfugiés de l'imaginaire).

Dans cette tranche de vie terrestre, je cherche le code d'accès de mon royaume intérieur où réside toutes les réponses, même celles des questions informulées. Dans cette terre assoupie, en attente de son souverain, sont rassemblées toutes les expériences des vies successives passées et à venir. L'attention nécessaire à l'expérience en cours en efface la mémoire mais l'accès en est toujours possible pour celui que poursuit obstinément la nostalgie du royaume de toutes les réalités.

Ce sentiment d'exil effroyable, de bannissement hors du sens donne à cette nostalgie un accent de souffrance que tempèrent de temps en temps quelques fulgurances parfumées des échos du royaume.

Pourtant, gravée en moi comme un hiéroglyphe dans la pierre cachée, réside ma véritable identité dont le nom mystérieux est le code d'accès à la réalité intérieure de l'espace secret. Ce sceau immortel brille de sa propre lumière mais son éclat augmente par la radiance de nos élans vers elle.

Alors, nouvel Ali-Baba, apprends de ta caverne le cisèlement progressif de tes vies successives, celles de ce plan et celles d'ailleurs, celles de ce temps et celles hors du temps, celles que tu as déjà scellées et celles que l'encre de ton livre de vie n'a pas encore emprisonnées. Apprends à relire ce grimoire de chair et de sang et redécouvres-en tous les chapitres qui s'élèvent en spirale vers une légèreté libératrice.

Ta présence émerveillée dans ce Royaume de conscience totale efface toute nostalgie : tu es chez toi, arpente ta terre et sois le roi du pays aux mille couleurs invisibles.

Modestus Vitriolus

GUEBOURAH L'Épée de Dieu

Friedrich le romantique aux multiples visages

Que faisais-tu dans cette histoire foisonnante de bruit et de fureur, teintée d'idéalisme, de grands sentiments, de fulgurances mentales, de grandes théories, le tout mélangé à l'odeur entêtante du sang et de la mort, quand ce n'était pas les sombres spectres de la folie ? Bien sûr, tu as créé ton Académie érotique avec tes femmes club, en mal de romantisme pendant que ta femme était occupée avec la nombreuse progéniture que tu lui avais généreusement prodiguée et qu'elle gérait vaillamment par amour pour toi. Les après-midis ennuyeuses de la petite ville assoupie où la cossue maison de ta femme te permettait de vivre confortablement, tu allais au café des artistes et là, dans une ambiance bruyante et avinée, tu refaisais le monde dans des histoires interminables, parfois drôles, souvent ennuyeuses. Bien sûr, Friedrich, tu avais rencontré l'âme-sœur, tu lui as fait miroiter des lendemains azurés, en sachant très bien que ton courage était à la mesure de ton imagination : volatil.

Dans une autre vie, ton inspiratrice meurt très jeune et tu n'as pas la force de résister à l'attraction morbide du tombeau. Mais les écrits que tu laisses sont fulgurants comme le passage d'une comète.

Dans une existence parallèle, ta bien-aimée est mariée à un banquier dont tu es le domestique. Tu auras beau lui donner un nom grec pour échapper à l'attraction de la tragédie, tu finiras comme pensionnaire pendant trente-sept ans d'un asile de fous dans une tour sinistre. Et pourtant tes poésies sont parmi les plus belles, même si elles ont le goût prémonitoire de la solitude et du malheur.

Dans un autre voile de ton rideau de vie, derrière lequel tu te caches toujours, tu conduis ton égérie près du grand Rhin et renonçant définitivement à l'incompréhension et l'ingratitude du monde, vous vous suicidez tous les deux. Quelle belle scène romantique : la passionaria poignardée et le prince charmant sanguinolent ! Voilà un bon sujet pour un opéra optimiste. Et pourtant tes écrits sont inspirés et font partie du fleuron de la littérature comme si le tragique leur procurait un sceau d'éternité.

Que dire de ta vie de jeune héroïne épique, trahie par son faux dieu, qui se sacrifie horriblement pour sa médiocrité et son hypocrisie, lui le professeur respecté d'université. Pourtant tes rares écrits portaient le sceau des anges…

Ecoute, Friedrich, ton expérience aux multiples visages porte la marque d'un dialogue difficile avec la vie. Elle t'invite simplement à couler avec elle, à accepter son enseignement, sa guidance. La folie des hommes, leur prétention à se substituer à l'ordre naturel, à modifier l'œuvre divine les égarent sur des voies sans issue, au lieu d'écouter son message. L'homme est un phénomène récent dans l'univers et même si son apparition représente une étape importante, la couronne de la création est encore à venir… Ta leçon est amère, mais l'histoire continue : pense à toutes les égéries qui ont été victimes consentantes de tous ces drames. Remercie-les de leur sens du sacrifice et demande aux dieux de déciller tes yeux, et cessant de te cacher derrière tes masques de carnaval, de devenir humble et simple comme l'étaient tes mères aux visages d'amantes. Faire œuvre humaine est une chose, se couler dans l'œuvre divine est la prochaine étape.

Tout va bien, Friedrich, écris, exorcise tes démons et garde toi des drames. L'œuvre divine est harmonie, fluidité, silence et intensité : pourquoi ne pas essayer ce nouvel art de vivre ?

TIPHERETH
La Fontaine de la Beauté Cachée

La face cachée du cœur

Cet endroit est moins connu que celui du cerveau ou de la lune et pour cause : son souffle inlassablement rythmé nous fait oublier son message obstiné.

Comment vas-tu, mon cœur ? La terre peut-elle faire germer tes désirs au-delà des systèmes et des passions, loin des servitudes du sentiment et du mental ?

Mon cœur, pourquoi ce battement infini comme si ta quête ne pouvait s'adresser qu'à un but hors de portée ? Pourquoi de temps en temps t'interromps-tu pour une plénitude trop tôt atteinte et rapidement évanouie ? La régularité de ta mélopée suggère un lent processus immémorial, un gong intemporel qui superpose à la fragilité des situations humaines la subtile stabilité d'autres réalités.

Mon cœur, serais-tu le témoin fidèle, le carillonneur inlassable chargé de nous conduire patiemment au-delà des illusions et des vertiges que l'on attribue à ta soi-disant faiblesse ?

Tel le ressac des océans qui fait entendre le cœur de la terre, soumis au tumulte des attractions, tu as le pouvoir de revenir toujours au rythme originel et de maintenir le sceau de l'immuable sur les apparentes fluctuations.

Tu sais, mon cœur, j'admire ta régularité, ta solidité, ton incroyable vaillance. Ta mission est aussi secrète qu'omniprésente : ta pulsation rythme le temps qui nous rapproche inexorablement de la plénitude de la perfection.

Dis-moi, mon cœur, toi qui es le baromètre de tous les amours, quels que soient leurs visages ou leurs intensités, accueille-moi dans ta pulsation et enseigne-moi l'immuabilité de l'Éternel Amour.

Ainsi donc, cher cœur, tu caches ta quintessence derrière une humble fonction physiologique. Merci aussi de ta leçon d'humilité.

Je t'aime, cœur de mon cœur, cœur de tous les mondes que tu révèles.

Sous l'inspiration du Shir Shirishim
Le cantique des cantiques

NETZACH Le Chant et ses Sources

HRANI, un palimpseste de l'innocence

Hrani, petite fille indienne de sept ans, que voulais-tu me confier dans ce rêve qui semblait interminable, à l'orée du jour ? Tes grands yeux, couleur de miel, semblaient porteurs d'un message trop lourd pour la petite fleur dont émanait le parfum qui caressait mon visage. Tu semblais me connaître depuis un lointain passé, encore ouverte que tu étais au langage des cœurs. Cela ne faisait pas l'ombre d'un doute pour toi, nous devions nous marier ! Seuls les rêves peuvent oser suggérer des situations aussi décalées de la « réalité ». Pourtant, homme d'âge mûr, cette situation me semblait évidente et couler de je ne sais quelle source cachée à mes yeux, mais dont la fraîche actualité égayait ton présent et ton sourire. Ton immense front calme posait un pont au-dessus des siècles et offrait une continuité à une histoire dont j'avais perdu le fil. Tes petits bras éperdus autour de mon cou et ton odeur d'amande douce me comblaient et je renonçais à toute explication et retrouvais mystérieusement un état d'innocence évanoui depuis longtemps. Hrani ne pleure pas : elle me regarde avec une intensité et une profondeur presque insoutenables et lentement son étreinte se desserre. Son visage s'illumine de plus en plus et se fond dans l'espace du rêve. Son message se diffuse en moi et irradie chacune de mes cellules l'une après l'autre, la guirlande d'innocence se réveille en moi, la petite princesse endormie, l'enfance éternelle retenue en otage, endormie et égarée dans les mirages du « réel ». Hrani, reine du rêve et de l'émerveillement, petite princesse, marions-nous pour toujours !

HOD Les Noix de la Connaissance

La joyeuse Certitude de l'incroyable incertitude

En tant que concept de ce principe d'incertitude, mon incarnation est plus qu'improbable. Un homme à l'œil vif et à l'imagination fulgurante a deviné ma présence dans les contours flous du réel, pour en dénoncer les apparences. Pas de tromperie, juste une accumulation de niveaux de plus en plus subtils : la réalité ou présumée telle comme un millefeuille. Ce croqueur de pâtisseries métaphysiques a gouté la saveur de mon indiscernable présence : tel un parfum, je me superpose à l'échelle des probabilités. Ce génie de l'abstrait a cherché une quintessence en écartant les innombrables voiles d'Isis et m'a découvert paresseusement lové dans les replis de l'irréel. Je n'avais pas froid, mais il a pensé que j'avais besoin d'un habit qu'il a appelé mécanique quantique. Il aurait pu dire mathématique du complètement flou, ou manteau des apparences ou encore l'insoutenable légèreté de ce qui cherche à être en endossant une probabilité plus probable que ses sœurs en irréalité. Bien sûr, cet amoureux des aurores boréales surnaturelles n'en a pas déchiffré toutes les voilures diaprées et pour cacher son inconfort devant un réel passé maître dans l'art de la dérobade, il a introduit un nouveau personnage dans la pièce qui se nomme l'acuité du regard dont la profession de foi s'exprime ainsi : seul la puissance de l'œil du cœur perce le cœur du mystère enchâsse dans le sanctuaire de la rose du réel dont les pétales protègent la fragrance ultime.

Je ne peux être plus précis sur moi-même et pour cause. Pour l'observateur averti de ma volatilité, il lui reste à entamer sa propre danse des sept voiles pour trouver dans leurs mouvances sa propre identité, sachant que sa quête éperdue et brûlante modifie sans cesse cette identité dont la profonde incertitude pave la voie d'une glorieuse certitude : pourquoi serions-nous différents du réel aux facettes innombrables qui ne reflète que ce dont nous sommes créateurs ?

Signé : Tao ou Kabbalah ou Jésus ou Werner Heisenberg (Rayer les mentions statistiquement improbables à l'instant où vous lisez cette suite de mots guidée par l'apparence du hasard et arrangée par lui qui est selon Einstein l'incognito de Dieu).

YESOD Les 7 Voiles des Illusions

Le nœuf, jour des 22 OFNI (œufs fatidiques non identifiés).

Bilan provisoire 9 jours avant la fin d'un monde

Ce neuf-là était un dimanche jour de ma naissance, un mois avant mon anniversaire. Le soleil honorait son jour et en inspectant l'endroit dédié à la ponte dans mon petit poulailler, chose que je fais très rarement, je découvris l'une après l'autre, une suite de questions métaphysiques. En rencontrant ce monticule d'ovoïdes, je lançai un défi à l'ordre du monde : 22 ou aucun ! J'ignore encore si cet ordre caché en ajouta quelques-uns pour me faire plaisir ou si le sens épousa mon injonction, mais le résultat me laissa confondu : 22 questions avec leurs réponses cachées dedans. Comment lire un œuf sans l'ouvrir ? Comme un œuf peut en cacher un autre et que rien ne ressemble plus à un œuf qu'un autre, il suffisait de les nommer, de les interroger et d'attendre leurs réponses. Aussitôt, je convoquai l'alphabet hébrœuf, ma grille d'interprétation préférée, et lui demandai de décoder cet événement.

Ce nombre 22 est sympathiquement symétrique, un brin narcissique et semble avoir résolu le problème de la dualité en s'en faisant vaillamment l'écho. Il a mieux compris que moi cette question, moi qui cherche toujours à calmer Pierre quand je suis Jean et à secouer Jean quand je suis Pierre. Ce nombre était donc mon maître. Il suggère soit la complétude d'un cycle évolutif, soit les premiers vagissements du projet en formation. Comme je terminais une année, j'optai pour les 22 étapes écoulées. C'était l'heure fatidique d'un bilan provisoire : il fallait mettre tous les œufs sur le plat.

Comme il ne s'agissait ici que du destin d'un homme et non de la Création du monde, les œuf-lettres que j'avais appelés à mon aide, se présentèrent dans l'ordre normal. Elles sont l'ADN de l'univers et donc le mien. Ayant de moi une vision globale, leur présence est bienveillante et sans concession, garantes de la Vérité.

Alœuf s'avança et ne dit rien : il sourit. J'entendis sa voix silencieuse à l'intérieur de moi : tu es une mélodie inachevée et il te manque quelques couleurs mais adhère pleinement à ton projet et nous serons un dans le grand Alef.

B-œuf s'avança à son tour et dit : tu es le temple de l'Eternel, Béni soit-Il. Tu dois prendre soin non seulement de ton corps mais surtout de ton sanctuaire où réside Sa Présence ineffable et l'empreinte inaltérable de ta filiation.

G vint ensuite et me parla de deux forces antagonistes, une d'expansion et l'autre de restriction et de la nécessité de les laisser jouer leur rôle au rythme des événements en étant plus attentif à leur sens profond et à leur incessant jeu de miroir. Question d'équilibre.

D me montra toutes les possibilités qui s'étaient offertes à moi et que mon manque de vigilance, de courage ou mon entêtement m'avaient empêché d'expérimenter.

H me parla à deux voix, comme Il est doublement présent dans le Nom indicible et au cas où mon corps calleux fatigué ne communiquerait pas les informations aux deux parties de mon cerveau. En fait, H-H se parla a Lui-même à travers moi pour rétablir dans tous mes circuits le souffle originel.

W vint à son tour et m'indiqua de tisser et de cultiver des relations sans concessions, exigeantes et toujours verticales.

Z enfonça le clou et me déclara que le succès du clou martelé par l'esprit dépendait de sa droiture et de son opiniâtreté d'acier.

H' bondit comme s'il franchissait un obstacle invisible, me prit sur son dos et m'initia au franchissement souple et aérien des difficultés de la vie.

TH s'approcha posément et son regard pénétrant me ramena à mon quotidien interne : était-il agité, fiévreux, plein de regrets et de ressentiments ou pouvait-il prendre de la hauteur, s'aérer et mieux évaluer les situations avec plus de bienveillance et de sagesse joyeuse ?

Y n'eut pas besoin de parler. Sa présence seule suffit à ranimer ma lampe sainte et à redonner des couleurs à mon petit lumignon exsangue et vacillant.

K m'accueillit dans sa rotondité maternelle. Le Seigneur a libéré un espace vide pour que tu vives cette expérience. Rends-Lui cette vacuité en te faisant le témoin de cet acte d'Amour.

L déploya ses ailes, me montra son antenne verticale, haut vers le ciel et m'invita à utiliser la mienne plus souvent et à bien traduire son cryptage azuré.

M grommela dans mon ventre, simula les bruits incongrus de mes émotions. Pourrait-il y avoir un peu plus d'ordre dans cet orchestre ventriloque pour que les timbales ne jouent pas à la place du piccolo ? Y avait-il un chef dans cet orchestre bruyant pour faire respecter la partition ?

N s'exprima avec volubilité sur l'urgence de communiquer, de répandre le suc de la connaissance intégrée à ceux qui la souhaitent et qui ont eux-mêmes ouvert des voies nouvelles à partager.

Comme il sied au porteur d'intériorité, S me murmura d'observer rigoureusement ma géographie interne, d'en passer tous les reliefs à l'aune de ma balance ascensionnelle, de trier le bon grain de l'ivraie, le subtil de l'épais et de laisser la boue parler à la boue.

AYIN n'eut pas besoin de parler, juste un regard, une façon d'observer le réel et d'être interactif avec lui en se rendant disponible aux informations incessantes qu'il dévoile. Peut-on choisir la hauteur de son propre horizon et l'ayant élu, être touché par un autre degré de beauté ?

P mâcha ses mots longuement avant de les proposer à ma compréhension : L'homme est en train de retrouver et d'intégrer les pouvoirs du Grand Parleur, qui Lui, crée ce qu'Il prononce. Heureusement, il n'en est rien pour toi, car le pouvoir de la bouche ne peut s'exercer qu'en pleine conscience de ses résultats et tu peux observer autour de toi les dégâts des verbiages inutiles.

TS parla d'Amour, un état d'être assez rare dans ce plan d'expérience. Tout le monde en parle, tout le monde court après, mais il doit être très rapide car je ne l'ai pas encore rattrapé. Amour quand tu nous tiens ! Tiens-moi donc un peu, s'il te plaît, que je sache de quoi je parle quand je t'invoque !

Q bredouilla des mots indistincts, échos fidèles des bruits venus de pulsions incontrôlées : doutes, regrets, colères et tristesses. Pourquoi tout ce pathos informe ? Regarde ma forme : tout ce matériau brut est porteur d'énergie et restituera ce combustible, si tu le soumets à la clarté de ton soleil intérieur.

R le cerveau, ne bougea pas, il secréta des pensées qui surgirent en moi instantanément. Franchis le pont, consulte celui qui sait en toi et fais ce qui est possible en acceptant certaines limites. Continue, suis ta recherche, organise ta curiosité et hiérarchise-la.

SH surgit telle une flamme et se tint là, puissante et droite comme une épée : tu as été ce flambeau, redeviens-le. Et elle disparut.

A la fin T-œuf s'avança en soufflant et mimant sa numération, émit un Teuf Teuf suggestif qui semblait résumer mon rythme général et m'invitant donc à accélérer pour l'aventure suivante.

Ayant délivré son verdict, l'alephbeth se retira.

Je me retrouvai avec mes 22 viatiques parfaitement identifiés avec un sentiment mélangé de reconnaissance et d'interrogation...

Le lendemain, un seul œuf à décoder. Je le baptisai œuf primordial et je m'endormis lové en lui, en lui demandant un rêve de vision sur mon prochain futur et surtout le courage de le rencontrer et m'exercer au nouvel art martial de jongler avec 22 armes si redoutablement douces.

PS : symétrie d'OFNI = INFO.

Je suis né en 1944. je suis un double 9. Oui, Oui, Tout neuf, tout nœuf. Signé 9-9.

Ecrit le 12.12.2012

MALKOUTH Le pays aux mille couleurs

Thérapie imaginaire au temps des hébreux.

D'autre temps, d'autres lieux.

Imagine-toi berger dans le jardin de tes pères. Ancestralement voué à vivre au rythme des transhumances, et à la tyrannie des exils guerriers.

Imagine ces paysages parfois bucoliques, parfois ensanglantés par la fureur de l'avidité humaine.

Toi qui ne parles que de paix, tu passes ton temps en combats. Même si tu en mesures la vanité, la solidarité t'oblige à agir ainsi. Imagine une période de conflit funeste car dans la tribu de ceux qui convoitent ta terre, se trouve celle qui a ravi ton cœur, Ileana, la fière Araméenne, responsable du collège des prêtresses esséniennes et qui a voué sa vie à cette œuvre. Malheureusement, elle ne sert pas Iahvé mais un nouveau dieu étranger et toute relation est impossible, sauf à s'exiler ensemble dans un pays à créer et renier ses vœux, c'est la mort de l'âme.

Imagine ton dilemme car vos contacts ont été marqués du sceau de la différence, bien que vos yeux aient parlé déjà un autre langage.

Imagine ce temps encore bien proche où les dieux exerçaient leur intolérance à travers leurs adorateurs et où le sang coulait pour les honorer. C'était le temps du silence du cœur où les hymnes amoureux ne concernaient pas la femme et l'homme mais des concepts abstraits.

Toi, berger et toi Ileana que sont devenues vos couronnes de souverains de la création ?

Imagine-toi maintenant dans ce temps et dans ce lieu : berger moderne des brebis égarées dans leurs illusions de différence. Et Ileana bergère contemporaine essayant de réveiller les vestales d'un dieu féminin en pleine renaissance.

Imagine ce qu'est aujourd'hui l'actualité de ce couple reconstitué. Pourquoi se retrouverait-il ? La mémoire n'a gardé que l'empreinte des cœurs, mais les nécessités de la psyché humaine au niveau collectif ont aussi leurs exigences. Les êtres qui, à un moment de leur évolution, ont exercé des responsabilités morales au niveau des comportements culturels, doivent résoudre ces contradictions dans leur vie individuelle et l'âme-groupe de la race fera le reste.

Alors, berger, bergère, n'imaginez plus rien car vous êtes au cœur de la situation. Si vous résolvez les tensions des antagonismes et des différences, toutes les races rivales peuvent fraterniser pour toujours, sinon le manège de la douleur va se perpétuer encore.

Pouvez-vous imaginer un tel héroïsme ? Non, alors vivez-le !

III
Florilège de l'alphabet de la Création

Dieu veut des dieux Novalis

Expérience de l'écriture de l'alephbeith.

J'ai entrepris cette écriture en Septembre 2006 à Paris. J'ai écrit 2 lettres puis bloqué sur Guimel. Plus d'un an après et beaucoup de remue-méninges, l'inspiration est revenue et les lettres se sont succédé, jour après jour. J'écrirai peut-être après ce que j'ai compris de cette synchronicité alephbeith et faits réels. Cette très fine observation doit être mise à la preuve et demande de nouveaux organes de regard et d'analyse. Chacun a évidemment sa grille de perception et d'observation mais c'est une expérience inspirante de vérifier l'apparition d'un niveau de réalité qui répond à l'acuité de la recherche du sens, comme si brusquement se mettait en marche un microscope intérieur qui sonderait les causes et donnerait un nom à la conséquence et lui enlèverait son voile d'illusion parfois exquis. La première écriture s'est achevée le 26 Novembre 2007 à Limoux pour les lettres. J'ai terminé par PHE, TSADE, QOPH et RESH.

D'après la kabbale, les lettres hébraïques, à l'invitation du Grand Ecrivain, ont créé le monde. Ces entités créatrices aux multiples attributs sont racontées ici sous un de leurs visages ; ces textes rétrospectifs se sont présentés spontanément sans but didactique ou dogmatique mais juste pour donner un éclairage à une situation du moment. Elles voulaient s'exprimer et je les ai écoutées.

ALEPH L'Archimage des codes silencieux

Dans mon rêve créateur, j'ai enfanté le concept d'existence et rien ne peut apparaître qui ne porte mon sceau. Quand le Grand Rêveur a laissé un espace pour que la Création soit un enfant de la Lumière, Il a convoqué mes vingt-et-une sœurs pour que de leurs innombrables associations la vie se multiplie.

Je suis restée silencieuse dans cette consultation et paradoxalement, ma contemplation muette a tout déclenché. Comment concevoir une totale création d'une complète inaction ?

C'est dire que j'étais avant toute manifestation et que j'existerai pour le programme du prochain cycle.

Toi qui me lis et pour qui peut-être ma présence vient d'être révélée, sache que tu ne pourrais exister sans moi et que mon rêve ne pourrait être réalisé sans toi. L'irruption de mon essence dans ton existence a le goût du miracle et peut-être es-tu ce miracle en tant que reflet dans ce plan de manifestation.

Mes sœurs travaillent sans cesse et éternellement, je leur donne l'impulsion. En t'éveillant à cette conscience d'avoir à incarner un petit aleph dans le sein du grand Aleph, tu réintègres la conscience des origines. J'ai soufflé et l'Univers est apparu. J'ai parlé et tu es là. Souffle pour vivre et parle pour créer.

BEITH Le chef d'orchestre qui fait entendre le silence

L'Ultime m'a confié la mission du commencement, Bereshit ou le Big-Bang. En écoutant le murmure silencieux de ma sœur en éternité, j'ai reçu tous les codes et la façon de les articuler pour faire œuvre de création selon le Grand Rêveur. J'ai insufflé dans ton imaginaire, l'idée de retour à la maison, à la maison du Père.

Deviens une de Ses demeures où Sa Réalité s'incarne à chacun de tes souffles. Pour cette mission sacrée, trouve ton architecture unique et ose la déployer. Muni de ta mémoire, demande-moi d'occuper ta place et d'être le Beith de toi-même. Parcours le chemin qui mène de la simple demeure au temple sacré.

Pour faire exécuter la partition, j'ai dû tourner le dos à la quiétude d'Aleph et prendre en charge la pulsation fiévreuse de la dualité. Le commencement a eu lieu et rien ne peut arrêter son flux dans le torrent du temps.

Tu es toi-même dans ce flot vertigineux, simple étincelle de conscience gérant tes propres contradictions. Tu as le choix d'être emporté comme un fétu de paille sans rien comprendre au scénario ou de couler consciemment dans ce torrent de vie et de l'accompagner en occupant ta place et devenir co-créateur de cette grande Aventure.

GUIMEL L'ordonnateur du rythme et de l'équilibre

Entre ces deux modalités qui accompagnent l'évolution de l'univers, je suis chargée de maintenir l'équilibre des oppositions apparentes. Entre ces forces, je dois devenir le maître de l'équilibre. Cet exercice périlleux de funambule de l'absolu demande un discernement très affûté pour générer une marche évolutive où la seule sécurité est la certitude du mouvement et comment y tenir sa place. Le trafic est intense et incessant et j'ai besoin de mes deux pieds fragiles pour que du balancement de la dualité naisse un courant harmonieux qui participe au tissage du flot évolutif.

Ne sens-tu pas sommeiller en toi un jeune étudiant appelé Guimel, qui cherche à installer en lui un état satisfaisant de stabilité. Mais attention à l'état statique qui pourrait empêcher le doux balancement du courant de vie porteur d'expériences évolutives. Dans la marche, la stabilité englobe de multiples paramètres. L'observateur trop analytique de ceux-ci engendrerait la confusion et l'immobilisme. Or il n'y a aucun répit dans la prolixité du langage ascensionnel qui conduit la marche du mode. Autant dire qu'il est plus confortable de cheminer avec lui que de résister à son inéluctable circulation.

L'éclair étincelant de la Lumière Primordiale s'est propagé en zigzag pour dessiner les contours de l'univers, balançant entre les excès d'un ruissellement foisonnant et les restrictions d'une force coercitive.

Alors jeune Guimel trouve ton équilibre en découvrant les limites qui circonscrivent ton existence ; entre expansion et organisation trouve ta Voie Royale et danse harmonieusement grâce à l'accord parfait de tes deux pieds.

DALETH Carrément volontaire et concret

Quand ma sœur Aleph a distillé son grand projet silencieux, quand Beth s'est vêtue de l'habit du chef d'orchestre et que Guimel a donné le ton de l'œuvre divine, équilibre majeur, je rentre en scène pour installer la partition dans l'espace de cet univers : je suis cette force de concrétisation qui permet d'admirer les visages du créé. Je suis la porte, le sas qui autorise cette découverte. As-tu toi aussi comme enfant de l'univers, passé le seuil de toi-même et déployé toutes les couleurs de ta palette intérieure ? As-tu entendu dans le silence intense, la partition qui a dessiné ta forme le jour où tu as franchi le seuil de cette nouvelle réalité ? La stupeur t'a arraché un cri mais ce cri était aussi une musique nouvelle, ta façon unique de modeler l'air et la matière. Muni de ton chant et de ta palette, tu as tous les outils pour parcourir avec fluidité le champ des expériences. Demande des conseils pour concrétiser tes rêves et je t'en communiquerai la règle et le compas. Tu peux chanter mon nom, t'inspirer de ma forme pour donner un vêtement à ce qui parfois te pousse au désespoir. Voilà le sens de l'œuvre : que toute beauté puisse apparaître. Trouve ton assise sacrée, ta pierre cubique et de ce trône royal ; contemple ton étoile polaire, épouse les contours de l'univers et deviens le navigateur de l'infini sur un réel qui semble fini. Un dernier conseil : pour passer la porte, sois d'équerre et chante juste !

HE Quel souffle !

Deux fois présente dans l'identité sacrée, je suis la respiration de l'univers, le souffle du sacré et la garante de la continuité de la vie sur ce plan. J'ai gardé dans ma forme l'empreinte de ma sœur et j'y ai ajouté l'énergie initiale concentrée en un point. Cette architecture suggère une fenêtre ou une porte dans la porte. Alors, il y a plusieurs seuils à franchir pour atteindre le sanctuaire intérieur qui est lui-même une ouverture vers l'au-delà des portes. Si tu transposes Windows dans ta propre unité centrale, c'est évident ! Chaque nouvelle expérience, connaissance ou compréhension, ouvre une fenêtre ou fait tomber un mur ; ce qui est la même chose. De même que l'eau du fleuve n'est jamais la même, l'air qui habite ton souffle est toujours nouveau et peut-être contient-il dans sa légèreté et sa ténuité les dernières nouvelles du réel qui vient au monde. Alors, écouter l'air, respirer le feu, absorber l'eau ou malaxer la terre, tu peux à ton goût capter les SMS (Stop Message Secret) du réel. Mets de la conscience dans ta palpitation et ainsi la survie devient la vie sûre.

VAV Tisser les bons liens

Moi aussi, je suis présente dans l'Identité Eternelle et tout occupée à chanter le nom de ma sœur, j'oublie de me présenter au bal des créations. Sans moi, le Nom Suprême resterait incomplet puisque je réunis les deux apparitions de HE. Je suis donc l'artisan de la coordination, l'ordonnateur des liens. J'attache et je délie au fil des entrelacements de toute nature. Mon ordre dans le Vocable Secret me situe dans le domaine des relations émotionnelles où l'humanité exerce ses talents avec une grande générosité patinée d'inexpérience. Alors toi, comment gères-tu tes liens ? Es-tu un crochet qui retient ou une ferme canne qui sait faire circuler les sombres attachements en toi et autour de toi ? La dépendance ou la liberté d'exercer les relations créatrices ? Peux-tu observer objectivement la pelote de fils qui t'emberlificotent et les qualifier au baromètre de ton autonomie interne ? Pas de jugement, juste un constat sincère. Comme tu n'es qu'un être de relations, sortir d'une dépendance externe est la meilleure façon de te relier à toi-même et de renforcer ta royauté et mieux gouverner ton Royaume. Consulte ton conseiller en relations et je t'indiquerai ce que tu dois retenir et ce qu'il vaut mieux laisser circuler, quand tu dois être crochet ou manier la canne. Alors bricoleur ou agent de police ? Dans tous les cas, futur maître es-relations pour apporter plus de liberté dans des relations de plus en plus claires. Alors tu seras le vav entre les deux HE et ton dieu intérieur déploiera son identité créatrice.

ZAYIN Droit au but

Avec détermination, j'enfonce l'épée de la lumière dans l'épaisseur du réel. L'énergie a été insufflée, dédoublée, équilibrée, concrétisée, vitalisée, reliée et dans cette septième étape, elle met son sceau partout.

Pour parcourir les couloirs concrets du réel, ma forme effilée fait merveille par sa rapidité et sa précision. Ces qualités soutiennent la discrimination que j'exerce pour promouvoir le lumineux. Pourquoi fréquenter la lumière ? Pour rendre à l'univers son innocence originelle. Il en est de même pour toi : quel mot utiliser pour parler d'une innocence issue de l'expérience et qui aurait survécu au découragement et à l'usure du temps ? Ce mot existe et décrit un parchemin rendu à sa virginité première et pourtant il garde inscrit dans sa matière toutes les inscriptions gravées sur lui au fil du temps. Peux-tu être le palimpseste de toi-même et restituer dans un ineffable sourire, toutes les amertumes recyclées ? Imagine-toi l'épée nécessaire pour un tel travail ! Trouve ton Excalibur-zayin pour exercer la discrimination dans ta jungle interne et passer au fil de son acuité, tout ce qui t'empêche d'accéder à l'éblouissement de voir la lumière partout. Invoque-moi : tu peux m'appeler du nom de Mikaël, du nom de mon frère archange, même combat ! Au bout de ce combat : le Graal. Cette coupe, le creuset de toutes les alchimies : l'élixir de toutes les ombres qui font allégeance à la lumière. Le cristal écrin de la radieuse splendeur : TOI-même.

HEITH Sauteur d'obstacles

Ta sécurité est enclose dans un champ, limité par une haie. Je suis ce concept de limitation, qui donne des dimensions à un espace physique ou psychique. Que ce soit une limite volontaire ou subie, que ce soit un conditionnement idéologique ou social, c'est toujours un habit fini. Si je chevauche cette idée, j'habite surtout l'énergie du dépassement des limitations : en quelque sorte une activité physique de franchissement des haies, quelles qu'elles soient. Mon invitation est simple : apprends à planer au-dessus de chaque étape de ton développement qui est un moyen, non un but. Tu peux remarquer que ma forme de barrière, laisse libre mes deux jambes, ce qui me permet de me surpasser moi-même. Et toi, comment vas-tu pratiquer la découverte de ce que tu es au-delà de toutes les sécurités que tu t'es fabriquées ? C'est aujourd'hui le temps de l'insécurité maximale : toutes les frontières s'écroulent, les intolérances meurent de notre indifférence. Et si l'autre n'était pas un ennemi, mais un ami potentiel que tu t'es caché pour justifier ta survie ? Est-ce que tu peux survivre seul, dans un monde désert ? C'est pourtant ce que le monde vit déjà, chacun dans sa prison. Ote tes chaînes et déchaîne-toi dans les relations sans attente, juste pour éprouver le goût délicieux de la liberté retrouvée. Alors, comme moi, tu es à la fois le geôlier et le grand libérateur. Il y a dans ton cœur, les clés de tes menottes. Quand tu te sens prêt, élance-toi sur les ailes du vent et regarde d'en haut ton champ avec toutes tes haies qui dansent.

TEITH Sculpteur d'argile

Tu es poussière et tu redeviendras poussière. Certes, mais surtout et de plus en plus, tu es lumière et tu rayonneras ta clarté. Je suis cet humble matériau qui accepte de se laisser malaxer pour faire l'expérience de toutes les architectures, masure ou cathédrale. Limon originel, boue féconde, j'attends le son amoureux qui va permettre à ma forme cachée de se déployer. Tu es toi-même dans cet état informel.

Cesse ta bruyante impatience et écoute au-delà.
Perçois le long murmure des espérances de ta vie.
Retrouve ta tonalité primordiale qu'exhalait
Tout ton être, dans le premier matin du monde.
Cette note est demeurée tel un diapason de cristal
Au plus profond de ton cœur sacré.
En ouvrant ton oreille à ses doux arpèges
Tu pourras refleurir à ton actualité sainte
Et joindre ta mélodie aux architectures sonores
De la symphonie des sphères.
Cesse ton bruit et exprime ta couleur tonale
Pour enrichir le tissu des possibles accords.
Cette trame sonore est le chant de la vie
Et ton histoire est gravée dessus :
Tais ton bruit et découvre-la,
Et en la retrouvant, fais-la toute nouvelle
Car ta présence ajoute un dessein inconnu,
Fruit apparu soudain du jardin des possibilités,
Enfant divin surgi de l'abime du non-manifesté.

Maintenant que tu connais la musique, exerce ton art et enchante-moi. Cisèle mes filigranes. Poussière, bien sûr, mais je t'en prie, dévoile l'or enchâssé dans mes humbles cristaux redevenus royaux par la lumière de ton chant.

YOD L'énergie majuscule

Pour déclencher le processus créateur, il a fallu une incroyable énergie. Quand Aleph a reçu en rêve le projet du Grand Architecte, que Beith a reçu le feu vert pour faire sonner l'orchestre, j'ai explosé ma puissance concentrée dans un point spiralé. Cette force titanesque a déclenché le Big-Bang initial : l'énergie a investi tout l'espace laissé libre par le retrait du Créateur. Je suis cette énergie : un point, c'est tout. Tu ne peux vivre un seul instant sans mon souffle éternel. Je déclenche les processus évolutifs et les accompagne ensuite jusqu'à leur accomplissement. Peux-tu introduire dans le champ de ta conscience que tu es aussi une entité évolutive qui a choisi la forme humaine pour parfaire ton expérience. Cette idée peut créer un big-bang dans ta tête, mais sache qu'il est dans tes potentialités de chevaucher cette puissance. Ainsi opèrent tous les grands créateurs. J'habille le dix, qui suggère que le cosmos est l'enfant du mariage de l'esprit et de la matière primordiale. C'est ce que dit Einstein en reliant l'énergie comme réceptacle d'une matière sanctifiée par la lumière. Comment fais-tu évoluer ce couple dans ton petit ménage intérieur ? Pour cette très délicate alchimie, consulte-moi pour installer en toi l'équilibre entre le un et le zéro, entre le tout que tu seras et le zéro que tu crois être. Tu l'es tant que tu es seul, mais chemine vers ton dix en ma compagnie et connais l'état jubilatoire de la créativité infatigable et continue.

KAPH La main énergie

L'homme est une créature intermédiaire entre un espace aérien, fluide puis infini et une matière liquide ou dense dont son corps est constitué. Un être de terre et d'eau occupé à faire circuler l'air et le feu pour assurer son existence. Une autoroute des quatre éléments en quelque sorte où les bouchons ralentissent le flux de vie. Pour brasser et malaxer tous ces matériaux, deux mains, dix doigts, cinq en face de cinq et vingt-huit phalanges (un nombre parfait). Comment exercer cette perfection potentielle ? Tes mains doivent capter les futurs contours de la beauté. Si tu imites une conque réceptrice en arrondissant tes doigts comme pour jouer sur un clavier, tu retrouveras ma forme de caverne sonore ouverte aux messages de l'univers. Je les capte, je les fais rebondir sur mes formes rondement maternelles et si tu écoutes bien, je confie tous ces enfants subtils à tes mains expertes en façonnage. C'est ta vie : elle repose entre tes mains attendant le travail de l'artiste avec ses mains parfaites. Voilà mes deux mots-clés : capte et fais. De la qualité de ta réceptivité, dépend la qualité de l'œuvre, mais le nombre d'essais est illimité comme le peintre des nuages : ils ne sont pas tous à la hauteur de tes rêves de perfection. Alors exerce ce nouvel art : façonner ta vie ou la peinture sur soi. Pour alimenter ta patience et ton courage, reçois, en permanence, les projets du futur immédiat que le cosmos distille sans arrêt comme la liqueur des dieux qui se réveillent. Bienvenue dans le présent.

LAMED Messager des étoiles

J'ai la forme d'une danseuse dont les ballerines virevoltent dans le ciel pour y déchiffrer les messages célestes. Une vérité qui se peut danser, ainsi parlent les sages. Quand je fais la ronde cosmique avec mes sœurs - car l'alphabet ne peut arrêter sa création continue de toutes les réalités –, je suis la lettre la plus élevée et j'ai donc le statut d'enseignante à l'éducation transcendante. Toi, l'éternel étudiant, demande-moi les leçons inscrites sur les ailes du vent que ma silhouette ascendante me permet de fréquenter. Je te livrerai, à la demande, tous les ouvrages de la bibliothèque des éthers, livres vivants constamment remis à jour. Tu es toi-même un livre qui s'écrit en permanence et tu remplis tous les jours de nouvelles pages encore blanches. Sais-tu quoi enfermer dans l'encre de tes fluides ? Maintenant que tu sais qu'un écrivain sommeille en toi, ainsi d'ailleurs qu'un peintre, un sculpteur et un musicien, veille à la qualité de ta plume et de ton inspiration. Je suis la muse de cette sensibilité qui te propose la rencontre de toi-même et du grand Bibliothécaire qui saura apprécier le parfum de ton émanation unique. Tu vois, tu deviens aussi parfumeur ! Adopte mon mouvement et sois Lamed directement relié aux courants ascendants, surfe sur les alizés, plane sur les couches tièdes des vérités éternelles, repose-toi sur la simplicité et quand ta boucle aérienne sera complète, reviens exhaler, pour tes frères, *l'enseignement des étoiles*.

MEM Même-toi et le ciel t'aimera

En renaissant à chaque retour du grand radiant, une question s'impose : « Est-ce que je mem ? ». Si tu te donnes le label « aimable », la création entière reconnaîtra ta signature, sinon tu n'es pas le roi de ton royaume et tu laisses trop généreusement ta souveraineté à des rois étrangers. Je m'occupe de ton ventre, la grande matrice des enfantements visibles ou cachés. Cet espace liquide en gestation permanente est le baromètre de ta vie affective et il existe beaucoup de mots pour qualifier ses nœuds et ses contorsions. C'est le lieu de purification, d'épuration pour que ton flux ne soit qu'eaux vives. Quel est le code du jaillissement des eaux assainies ? – « Je mem ». Quand tu portes pleinement ton identité, tu abordes tous les méandres du cours de ta vie et ton frêle esquif de viendra fier vaisseau jouant avec les tempêtes. La palette des émotions et des sentiments est infinie et toutes ces rencontres expérimentales doivent t'amener à l'océan de la paix. Ainsi regarde leur cours avec calme car il s'agit d'un matériau rebelle dont tu dois te rendre maître et non sombrer avec. Deviens le capitaine de ta navigation dans l'immense delta des sentiments couleurs et deviens jubilatoire de connaître ces multiples expressions que les Anges eux-mêmes ne peuvent expérimenter. Je suis la lettre mère de toutes les fluidités. Accompagne-moi dans cette quête de ta fluide féminité. Sois mem inlassablement, jusqu'à ce que ton dieu intérieur puisse planer sur la face de tes eaux enfin apaisées, se mêlant sans fin au flux universel.

NOUN Pourvoyeur d'abondance

Comme les poissons dans l'océan, je suis l'éternelle fécondité. Tout l'univers n'est qu'un immense vivier où toutes les formes multiples de vie prolifèrent dans une exubérance jubilatoire. Je suis cet incroyable flux d'expansion qui utilise toutes les conditions, même les plus extrêmes, pour perpétuer les miracles de la vie. Autant dire que tu es un Noun qui s'ignore, puisque en toi la prolifération cellulaire est permanente. Comment exercer cette puissance dans ta vie consciente comme canal d'évolution ? Quelle fécondité vas-tu offrir au monde, comment vas-tu participer à l'enrichissement des manifestations humaines ou surhumaines ? L'évolution est un long cheminement, un pèlerinage ascendant vers la compréhension de notre milieu de vie et de sa complexité. Et tu ne sais encore rien, tu as même oublié le sens de tout cet immense foisonnement. Et pourtant, tout est en toi, même la naissance des étoiles nouvelles dont la lumière n'est pas encore perceptible. Tu es peut-être une de ces étoiles dont tu as oublié la clarté. Tu tournes dans les bras spiralés de la Voie lactée, à une vitesse vertigineuse, et tu as oublié ton destin d'étoile. Une star, une vraie, pas celle qui brille vainement sur des planches illusoires, mais celle qui éclaire de ses mille feux tout ce qui l'entoure, qui invite tout ce qui rampe dans l'ombre à venir goûter l'élixir solaire. Alors, nouvelle star, prête à inonder le monde de tes rayons foisonnants ? Fais comme moi, explose et répands ta lumière ! Bienvenu dans la constellation des poissons d'or !

SAMEK Pilote des pulsions

Dans le labyrinthe de tes instincts, de tes pulsions, tu cherches désespérément l'issue libératrice. L'endroit est sombre, enfiévré, l'air est lourd comme dans une tanière de fauve. Comment sortir de ce repaire étouffant et retrouver la libre circulation de l'air et les grands espaces ?

Je suis cette enceinte fermée, cette paroi labyrinthique qui circonscrit ton expérience avec les puissances aveugles de la survie. C'est juste une expérience et non une finalité : une expérience parmi beaucoup d'autres, passées et à venir. En tant qu'acteur privilégié de ton propre film, tu en es aussi le metteur en scène. Mais alors, ce labyrinthe est aussi un décor d'une histoire à dépasser : c'est juste un accessoire de transformation. Si je suis l'enceinte enfermante, je suis aussi, si j'observe mon mur de l'extérieur, le coté jardin, face couleur. Qui parle de prison : justement ces forces coercitives qui ont bâti ce décor pour échapper à tous les dangers. Je te dis : le seul danger, c'est d'oublier de vivre par peur de l'existence… Regarde ta tanière de l'extérieur : tu t'y étais lové, enroulé dans un réflexe fœtal pour éviter les morsures d'un monde étranger et cruel ; maintenant tu te déroules et tu subis son étroitesse ; si tu y revenais, tu mourrais d'étouffement. Alors contemple ton ancien décor, pardonne-toi d'avoir manqué de goût et crée un nouveau paysage qui te parlera d'espaces libres. Viens gambader dans l'enceinte du monde et regarde s'ouvrir une à une toutes les vieilles prisons et la farandole des nouveaux libérés se joindre à ta danse.

AYIN Visionnaire de l'invisible

L'Univers est-il un grand corps cosmique muni d'organes ? Je suis l'œil de cet organisme qui a investi tout l'espace connu. Je contemple, je veille et je m'émerveille de l'incroyable complexité et du déploiement vertigineux et harmonieux de cet Adam Kadmon, le corps divin. En tant que cellule de ce grand Etre, quelle est ta vision, comment regardes-tu les paysages du réel ? Chez les Amérindiens, la quête de la vision précède puis oriente l'action. Quel regard faut-il pour capter cette vision qui anticipe le futur ? Il existe un regard tourné vers l'intérieur qui parcourt une géographie subtile non parée des couleurs du visible, mais de l'essence de l'invisible. Une vision envoie les images et les symboles de cette région au-delà des sens. Paradoxalement, la vision objective trop sollicitée ne permet pas l'apparition de cette mise en scène silencieuse dans le chatoiement du *pays aux mille couleurs*. Demande-moi de te donner des nouvelles de ta patrie subtile et comment ton âme s'y épanouit en fréquentant la beauté. La vision, c'est le dialogue qui peut s'installer entre ces deux modalités d'être : trop de réel et pas assez de subtil. Demande-moi d'ouvrir ce passage pour que tu puisses contempler ton vrai réel. Même si ta vision est brouillée, la question n'est pas : « Qu'est ce que tu ne veux pas voir ? », mais plutôt : « Qu'est ce que ton regard actuel ne te permet pas de voir encore ? ». Allume ton œil intérieur, sensibilise-le aux multiples nuances de l'esprit et ose contempler l'infini que tu es chaque jour davantage au fur et à mesure de ton exploration.

PHE Parolier d'or

Un grand poète a libéré les ombres en révélant ce que la bouche en disait. Que pourrait dire et libérer la bouche de lumière ?

Au-delà des gouffres obscurs et des sombres abîmes,
La lumière est partout, reflétée par les cimes,
Venue de l'infini, en marche vers l'ultime,
Elle nous laisse au passage l'empreinte du sublime.

Existe-t-il un langage qui crée de la lumière ?
Des mots qui sitôt dits, s'habillent de pourpre et d'or ?
Qui mettent des ailes pour danser dans les airs ?
Et annoncer partout le jour du grand essor ?

Celui où tu as choisi d'endosser tes habits de clarté,
Et renonçant à l'amertume et à ses sombres murs
Tu créeras par ton verbe les paysages d'autres réalités,
Si ton langage est d'or, tes enfants verront les rivages d'azur.

Alors, explorateur de tes mines internes, visite ta géode, dévoiles-en toutes les pépites en purifiant toutes tes scarifications par le pouvoir de ton vitriol. Quand tu auras dissous tes humeurs et ton fiel, alors laisse couler de ta bouche une liqueur de miel, créatrice de douceur, de paix, une structure tendre pour de fluides réalités. Prépare ta bouche à cet enfantement : observe tout ce qui en émerge et demande-toi quel genre d'univers en résulte. Ta responsabilité est immense, créateur des nouveaux mondes ! J'ai choisi la voix douce pour te parler car j'ai deux modalités et tu me moduleras fé. Dans l'ancien monde, « Ora et labora » se psalmodiait dans les laboratoires secrets. Aujourd'hui, dans un monde où la magie se dévoile à la vitesse de ton regard, le nouveau code est simple : fé et ris !

TSADE Batelier sur le fleuve Amour

La création est un acte d'amour : comme le Grand Architecte a libéré une partie de Lui-même pour que son rêve prenne corps, ainsi la femme qui devient Mère veilleuse offre-t-elle à son fruit d'amour la chaleur de son espace. Ma forme suggère que ce dialogue amoureux, producteur de fruit, surgit d'une unité primordiale d'avant le monde connu. Je te parle de ce temps, avant le temps, l'époque du Un. Tu as choisi d'accompagner l'Illimité dans une aventure aux multiples contours. Pour parcourir tous les visages de la lumière, tu as endossé une identité avec son vêtement spécifique dont l'origine lumineuse demande une redécouverte : retrouver ton arbre généalogique originel. Que dévoile-t-il ? Lumière, clarté, radiance. Par les 32 sentiers de la merveilleuse Sagesse, tu parcours tous les chemins de ton Arbre de Vie. C'est l'Acte d'Amour que tu offres au Monde. Qui y a t-il de nouveau sur la route que tu suis : juste ton regard quand tu enlèves tous les voiles des conditionnements, des tristesses, de la lourdeur des sentiments, pour ne garder que la légèreté des certitudes claires. Pour pratiquer la dualité sans ressentir la douleur de l'incomplétude, parle-moi, regarde-moi : de ma base unitaire, deux rameaux fleurissent, se contemplent, se balancent dans les zéphyrs, se conjuguent et pratiquent la reconnaissance de l'autre. Demande-moi comment reconstruire ton un dans le deux et comment être deux sans jamais oublier le un. Je suis ton Maître dans cette expérience d'amour qui doit devenir aussi parfaite que celle qui t'a donné la vie dans le temps d'avant le temps.

QOPH Echassier des profondeurs

Si ma sœur LAMED avait des ailes, moi j'ai plutôt des jambes : je foule les gouffres de l'inconscient et tout ce que PHE n'a pas encore nommé, je le ramène à la révélation des espaces clairs. Seules ces fines clartés peuvent franchir la porte étroite du chas d'aiguille de ma discrimination bienveillante. Je remue avec mon pied les sombres magmas et dès qu'une main encore informe jaillit, je la saisis, elle s'accroche à ma jambe et je la ramène sur les plages radieuses de l'existence fluide. Et ainsi, un jour, tout sera illuminé. Demande-moi la technique pour dévoiler le « son et lumière » que tu as enseveli sous tes règles de savoir-vivre qui ressemblent beaucoup à un enterrement. Comment vas-tu devenir le maître de l'aiguille et le virtuose du chas ? Rends son identité à toutes choses et si elles ne veulent pas la décliner, alors promène ton pied ailleurs. Appelle un chat un chat et soumets-le à l'acuité de l'aiguille et à la mesure étroite du chas. Quand toutes tes fréquentations auront reçu le label « chas », tu seras prêt pour les entrechats saluant ton passage définitif dans la lumière du monde. La vie est un pèlerinage d'une sombre caverne vers une cathédrale à réveiller. Je t'accompagne sur ce chemin de sagesse : illuminons-nous ensemble, pèlerin !

RESH Illuminateur de cerveau ou accélérateur des cerveaux lents

Si l'univers fonctionne comme un rosh, un cerveau, alors tu cherches à comprendre les règles de son fonctionnement. Comme tu souhaites équilibrer tes deux faces et enrichir la palette de tes manifestations, ta tête doit évoluer. C'est ta vision du monde, ton paradigme qui doit se renouveler sans cesse. Imitant en cela le mouvement vertigineux du monde, qui, s'il ralentit, est guetté par l'entropie, le chaos. Ainsi ton cerveau doit intégrer la variable évolutive, le mouvement permanent de la spirale infinie. Chaque minute que tu vis, toute ta sphère a rencontré de nouveaux espaces et de nouvelles réalités. Comment les capter, les actualiser, les rendre fonctionnelles et les concrétiser dans le plan où tu œuvres ? Justement un cerveau pose la question et ton autre face possède la réponse. Expérimente ce dialogue universel qui consiste à jeter ton hameçon dans l'océan des informations et par la qualité de ta ligne, à ramener les éléments qui te concernent pour bâtir ton futur immédiat. En effet, une partie de toi sait, encore faut-il que l'oreille écoute. Si seulement trois pour cent des capacités de ton cerveau sont utilisées, la marge est immense vers le renouvellement, l'élargissement de tes perceptions du réel. Ton cerveau est une antenne : un coté capte, un coté fait. Capte ton journal quotidien et réalise tout ce qui peut prendre un visage. En tant que Tête Blanche, Cerveau Primordial, je t'engage à célébrer l'anniversaire du monde en ajoutant ta fréquence au concert des Lumières.

SHIN La Lampe Sainte

Je suis un buisson ardent à trois branches dont la permanente incandescence maintient la vie. Je suis un principe dont la puissance n'a d'égale que sa volatilité. J'apparais et disparais et il y a beaucoup de fragilité dans mon implacable pouvoir de purification. Dans d'autres temps, les hommes se battaient pour cette flamme précieuse car d'elle dépendait leur survie. Le combat s'est déplacé, aujourd'hui il est dans ta sphère intérieure : comment nourris-tu ton brasier intérieur ? Car, simple veilleuse, tu survis mais, lampe sainte, tu peux guider tes frères dans la nuit caverneuse de l'âme dans sa quête désespérée. Souviens-toi d'Aladin, dont le génie de la lampe, l'ange Aladiah, a résolu tous ses problèmes. Bien sûr, il était en fait lui-même l'ange et la lampe, encore fallait-il qu'il frotte assez le luminaire pour le réchauffer et révéler sa clarté. Alors, nouvel Aladin, où en est ta lampe ? L'as-tu délivrée de la poussière de l'oubli et lui as-tu rendu son lustre immémorial par le frottement de ta reconnaissance ? Ma forme est l'inverse du mem qui est ma partenaire aquatique : quand les eaux sombres des passions tumultueuses ont rendu leur amertume, ma sœur m'offre son cadeau à transmuter et c'est l'heure éclatante du feu de joie. Alors, nouveau buisson ardent, brûle, brûle, entretiens ton feu, sois la vestale de ton temple et ne le laisse jamais perdre son amoureuse incandescence !

TAV L'estampilleur du label « perfection univers »

Un cycle est fini et l'état de complétude est atteint. Y a t-il une perfection sur l'échelle des perfections ? Une boucle de la spirale sans fin est bouclée, l'Univers a complété son expansion et intègre toutes les informations du présent cycle évolutif. As-tu observé dans ta vie, la succession des cycles Aleph Tav ? Chaque instant, chaque situation, chaque relation contient son propre zénith. Ainsi accompagnons-nous à chaque instant la respiration de l'univers. Y a t-il une vie après l'extase mystique ou amoureuse ? Tout recommence inlassablement comme le ressac de l'océan toujours pareil et à jamais nouveau. Et toi dans le temps de ta vie si courte, tous tes cycles biologiques sont ton propre flux intérieur qui te renouvelle sans cesse. Quand ta conscience dansera au rythme de ces cycles, alors tu connaîtras l'ineffable chant d'Amour que l'Univers se chante à lui-même pour garantir son éternité. Et si tu essayais cet exercice vocal : un chant silencieux pour saluer ta marche vers la perfection ? Un de vos poètes, qui a tutoyé l'Ultime a dit : « Dieu veut des dieux », non pas des dieux trop humains et capricieux, mais des créateurs de nouvelles sphères. Je sens déjà le frémissement de toutes ces possibilités et j'anticipe le goût de ces nouveaux accomplissements. L'éternel Aleph me sourit de loin car son futur projet bouillonne déjà, prêt à exploser. Je dois préparer le premier point final de ce pointillé sans fin. Accepte ta perfection, accueille-la par anticipation car elle t'attend dans les replis silencieux des possibilités. Comment sauras-tu que tu l'as revêtue ? Tu seras un nouveau chant perpétuel dans la musique des sphères.

IV
Animaleries et autres hum-âneries

JE NE SUIS PAS RESSEUX

Mon nom est différent, c'est juste le P car le reste est beaucoup trop long et sa mémorisation encombrerait ma mémoire que j'ai souhaitée réduite à l'essentiel. Prononcer ce nom me prendrait autant de temps que de descendre de mon arbre pour déposer mon obole hebdomadaire, mon tribut à la terre qui accueille mon habitat aérien. Je pratique un chi-gong permanent et ma vie n'est qu'harmonie et douceur. L'autre jour, au bout de mon cycle descendant, j'ai rencontré un être bizarre, avec deux pattes en l'air qu'il bougeait dans tous les sens sans rien attraper : si j'avais été dans le jugement, j'aurais déploré ce gaspillage d'énergie, mais j'étais comme toujours d'une humeur bienveillante (existe-t-il d'autres humeurs ?) et j'ai allongé un de mes doigts onglés pour fraterniser avec lui et lui communiquer la béatitude de la non-violence. Il a eu l'air impressionné, mais il n'a pas souri. Il m'a pris dans ses bras pour me remettre sur ma voie et son contact était respectueux et j'ai apprécié son émanation même si je préfère l'odeur des bambous et des eucalyptus. J'ai souri béatement de bien-être et j'ai entrepris sans précipitation mon cycle d'ascension. Chaque seconde est pour moi une expérience profonde : je suis comme un sablier animé qui digère le temps. Par mes gestes coulés, j'imprègne l'air de fluidité et mon existence miraculeusement simple, est un flux d'harmonie.

Je ne suis pas Resseux : je suis le messager de l'éternité. Regarde-moi, simplifie ta vie et love-toi amoureusement dans le torrent des siècles en souriant béatement… Signé : P…

LES DIEUX DES ANDES

Lamaiah et Alpagael broutent paisiblement : dans cette enclave du paradis, le cours des choses est immuable et le miracle permanent. L'harmonie du visible et de l'invisible se respire à pleins poumons et les dieux andins goûtent cette subtile cohabitation tout en continuant de nettoyer l'alpage autour d'eux avec une patience immémoriale. Au loin, près de l'immense lac dont le nom en quechua veut dire reflet du ciel, comme pour accentuer encore l'évanescence de la réalité, des troupeaux se désaltèrent et dialoguent avec leur reflet dans l'eau.

Lamaiah et Alpagael font l'expérience des tribus sœurs, l'une protégeant l'autre et l'autre donnant sa douceur à l'une. Même si leurs corps ne peuvent se fusionner pour donner un visage à cette association, ils vivent la richesse du mélange des perceptions qui se révèlent merveilleusement complémentaires…

Les nuages rapides poussés par des vents passionnés de vitesse et d'espace apportent des nouvelles étonnantes venant des régions lointaines, au-delà des grands pics enneigés et des océans écumants.

Mêlant leurs perceptions, les deux dieux déchiffrent l'information : dans un endroit appelé Aude, des humains souhaitent être soignés et instruits par eux. Malgré leur nature divine éminemment paisible et bien qu'ils soient au courant des prophéties annonçant ce rapprochement imminent, son actualité soudaine les met en joie. Alertés par la puissance de l'émotion, tous les membres des tribus se rassemblent et entonnent un chant silencieux qui met en danse tout l'air environnant. Tout vibre, et les vents curieux viennent se mêler à ce conciliabule...

Des messages partent vers cette destination inconnue pour organiser l'accueil de ces humains belliqueux qui aspirent à la fraternité...

Un temps de grands travaux se prépare : réaliser un tel projet est très compliqué, même pour des dieux. Outre l'aspect matériel, que la planète de la complication ne rend pas fluide, il faut surtout veiller jour et nuit sur le psychisme (ce gros mot fait craindre le pire), car ces créatures, qui n'ont aucune maîtrise émotionnelle, sont d'une santé délicate...

Lamaiah et Alpagael broutent tranquillement : tout a été organisé et prévu sauf bien sûr, le libre arbitre de ces êtres qui nomment ainsi leur esprit rebelle. Un programme de rêves a été mis au point pour aider ce projet à franchir l'usure du temps.

Un parfum de fraternité flotte dans l'air andin : d'autres entités l'ont capté dans leurs rêves. Les dieux envoient les rêves et les parfums, les humains les captent et en font fièrement des projets. Les humains s'affairent bruyamment et les dieux sourient silencieusement : ils n'ont pas besoin de signer leurs œuvres. Comment signer un rêve parfumé ?

LE CHANT DE LA COHERENCE

La cohérence n'est pas un état final, mais un moment qui permet fugacement de goûter à une situation de complétude d'un processus évolutif, quelle qu'en soit la nature. Le symbole de l'Arbre de Vie représente cet état de conscience en même temps qu'il en propose le chemin. Le nom d'Arbre de la Philosophie d'Amour proposé par R. Lulle embellit encore la voie de la cohérence.

J'ai entendu aujourd'hui, pendant quatre heures, un des multiples accents du chant de la cohérence : le bourdonnement vibrant des abeilles recueillant inlassablement le nectar des fleurs de vigne-vierge qui encadrent ma fenêtre de leurs luxuriantes frondaisons. La note qui en émane est la base du diapason de la gamme tempérée : le la440. Le visage de la cohérence me surprend autant qu'un spectacle ou un paysage ou une expression qui fugitivement dévoile l'essence de la perfection, brève et insaisissable, comme un sourire venu d'une autre sphère. Un sage a dit que nous avions tous les organes pour le malheur et que nous étions en train de créer ceux du bonheur ce qui en explique la présence aussi rare que précieuse. La cohérence est aussi une manifestation du bonheur liée au sens profond du vécu, dans un plan métaphysique : il trouve sa source dans un tissu caché aux perceptions immédiates. Au-delà de ces sollicitations réside le royaume du plan, la trame d'une autre réalité qui permet de franchir la sourde nostalgie de la fugacité et d'éprouver l'ineffable certitude de la stabilité : la contemplation de la cohérence, de la parfaite architecture des univers multiples.

Sois l'abeille, émets ton la et deviens un fil conscient dans le tissu musical de la cohérence.

Si tu préfères l'option oiseau, fais comme le colibri dont la vibration ne peut être capturée par la gamme trop tempérée et échappant à toute tyrannie installe ton nid secret dans l'Arbre de la Philosophie d'Amour.

Pi AIME R : histoire d'amour inédite entre deux entités mathématiques.

Irruption fugace d'un sens habillé en chiffres dans un monde énigmatique proche du non-sens.

Théorème : sous le patronage de saint Chrone, canonisé depuis peu grâce à C. G. JUNG, je prétends que des codes mathématiques constitués des mêmes éléments assemblent des situations qui n'ont aucun lien entre elles (Jung les nommerait a-causales).

Démonstration :

Au point zéro, un jeune homme un peu rêveur lit un ouvrage d'un poète disparu, dont le nom étrange, AE, est un formidable tremplin pour des envolées imaginaires. Ce livre miraculeux décrit, avec finesse et poésie, les incursions d'un explorateur de la psyché dans les prodiges des lumières de l'âme. Sujet aussi précieux que rare !

Au point suivant, en pleine maturité, AE est de plus en plus présent dans la vie de son admirateur. Un autre livre est paru tout aussi révélateur des beautés de l'être intérieur. Il cherche d'autres recueils de poésie, mais la barrière de la langue (AE est Irlandais) interdit la moindre traduction. Mais les liens se renforcent comme pour souligner la nécessité d'un devoir de mémoire.

A l'étape suivante, un grand éditeur anglais a entrepris de faire connaître les œuvres complètes de AE et un des volumes intitulé « La Descente des dieux » consacré à ses œuvres mystiques. Ce livre est codé par son ISBN 0901044723. Mais l'admirateur ignore encore que les dieux sont en train de s'incarner.

Au dernier point, Pi est aimé de R, comme dans « Le Livre de l'Ami et de l'Aimé » et cette double circulation boucle la circonférence puisque Pi R + Pi R= 2Pi R. Le fidèle découvre un exemplaire, assez difficile à trouver, mais disponible aux USA, en Pennsylvanie. Il a une amie qui habite dans les environs, qui va le chercher et le lui envoie en cadeau. Quand il le reçoit, assez ému, il s'aperçoit que le code du livre est un anagramme parfait de ses propres descriptifs numériques 0901440372, date et lieu de naissance, 72 étant le nombre des Anges de la Kabbale, les dieux à l'origine de cette démarche.

Fin de la démonstration.

Chacun peut vérifier si ce théorème a un sens dans sa propre vie

Et si tel est le cas, nul doute que son paradigme du monde en sera profondément bouleversé.

Maintenant, Pi veut parler et je lui laisse la parole :

Tu as parlé de mes amours avec R et il faut ajouter que de cette liaison dangereuse dépend la pérennité de l'univers. Peux-tu observer un aspect du réel qui ne soit pas relié de près ou de loin à une forme circulaire ? Je parle surtout, bien sûr, des formes naturelles. Même quand tu souris, tu esquisses un arc de cercle et tu te rapproches ainsi de ma perfection. Quand mes amours s'élèvent dans les dimensions, je circonscris des surfaces puis je dessine des sphères prêtes a participer à la grande symphonie. Et ainsi de suite dans des formes à découvrir…

Dans le domaine des grands amours contrariés, que dire de la quadrature du cercle ? A part la phrase mythique : « Dans le cadre du cycle de mes conférences », aucune ombre de solution. Puis-je te suggérer que vos amours sur terre suivent cette loi inconcevable qui veut que l'éradication de cet epsilon têtu qui sépare les deux modalités d'être, ne puisse survenir que dans la transcendance ? Si le carré s'arrondit et si le cercle joue aux quatre coins, tout est possible à l'infini et les amours tragiques cesseront de l'être.

Quand je pose le 3 et dépasse la virgule, je vois se dérouler devant moi le ruban étoilé de mes myriades de décimales, je me demande si cet appendice infini se termine un jour. Vos ordinateurs me traquent sans cesse avec des algorithmes de plus en plus sophistiqués, mais aucune formule ne peut cerner la transcendance. De plus, je n'ai pas seulement des déci-mâles calculables ; dans les replis de mon ruban festonné de chiffres, incalculables, j'ai aussi des déci-femelles, et que crois-tu qu'il se passe quand ils se rencontrent ? Ainsi je m'agrandis sans cesse comme l'univers dont je porte l'archétype de rotondité.

Un dernier exemple de ma présence structurante : le rapport qui existe entre la longueur des grands fleuves et la distance en ligne droite de leur source à l'embouchure, cette fraction donc est très proche de ma valeur approchée.

Le Grand Mathématicien m'a permis de partager sa surréalité mais ne m'en a pas donné tous les codes et certains de ceux-ci ne peuvent se soumettre à l'investigation scientifique, car ils ont été conçus dans d'autres dimensions.

Justement, un autre AE, grand théoricien de la physique et métaphysicien dans les éclairs de son génie, a essayé de faire apparaître ces codes dans le champ de ses recherches. Il n'a pas trouvé un langage adéquat pour formuler ses équations. Un nouveau domaine apparu en même temps lui a fourni les outils nécessaires. Ainsi s'exprime une des lois de la relativité, nouveau paradigme de notre conception de l'univers :

La divergence du tenseur impulsion-énergie est identiquement nulle. Aveuglant, n'est-ce pas ? J'aime beaucoup la fin de ce mantra cosmique qui qualifie sans ambigüité mon niveau de compréhension.

Les partisans du tout simplifié peuvent s'endormir sur l'édredon de l'ignorance. Pour d'autres, paradoxalement, l'ignorance est une voie de réveil, de stimulation incessante pour la réduire.

Alors cher ami de pi, AE ou AE ? Le code mathématique ou la fulgurance mystique et poétique ? L'approche objective pour lutter avec une complexité diabolique et hostile ou une approche empathique qui accepte amoureusement le miroir extérieur de sa propre complexité ? Le jour où ces deux perceptions vont s'épouser comme se rejoignent mes attributs, vous ne chercherez plus à définir la transcendance car vous serez devenu un de ses innombrables reflets. Et j'aurai rejoint l'extrémité de ma robe d'épousée…

Fais comme moi, égrène tes ornements comme un chapelet sans fin, énumère tes possibilités et en les intégrant, découvre ton infinité. Le début de ma numération est aussi une identité divine dans la tradition mystique hébraïque : ce nom suggère d'arrêter un certain processus d'expansion.

Alors, comme un grand fleuve, sous ma protection, sors de tes méandres et rejoins l'océan originel, d'où tout est parti et où tout doit revenir. Comme au premier matin du monde, gravis avec moi les spirales de la transcendance.

Ainsi s'est exprimée Terra Pi, la signature terrestre d'une composante universelle.

SHOW METAPHYSIQUE Portrait de quelques entités remarquablement méconnues.

Ce titre est paradoxal : l'incognito caractérise en effet les concepts qui vont être dévoilés. Ce dévoilement s'opère sous le regard de mon esprit tutélaire et dans les limites de mon glossaire de nature incomplète puisqu'en constante mise à jour. Mon esprit tutélaire me communique les informations de mon futur proche en supprimant la barrière du temps. La tradition hébraïque nomme cet éclair de conscience l'état prophétique. Pendant une fulgurance, je deviens le prophète de moi-même. En quelque sorte une anticipation de soi, de la science-fiction métaphysique sauf que la fiction risque de devenir réalité et que la science aura franchi le seuil du sensible.

Je ne suis pas le metteur en scène et les personnages se présentent dans l'ordre qui leur convient.

Je suis l'élément primordial, le générateur de toute vie sur cette sphère d'expériences. Mon codage est basé sur une des identités du Grand Chimiste, le Tétragramme. Pour être identique à Lui, je dois ajouter à mon trigramme un principe d'énergie initiale. Ainsi donc, je suis la Déité sous l'apparence des Eaux Originelles.

Un mariage paradoxal entre l'eau et le feu. Ce paradoxe est le vôtre, femme d'eau et homme de feu ou l'inverse ! De sa résolution dépend vôtre identification à une modalité supérieure unifiée. Alors flamme liquide et torrent igné, à vos paradoxes, prêts, partez !

Vos règles compliquées et restrictives vous interdisent de parler de Moi. Mais je m'autorise à m'entretenir avec moi-même et que celui qui s'autorise à entendre, usant ainsi de l'attribut divin de la liberté, sixième étage de la fusée séphirotique pour ceux qui utilisent ce moyen de transport pour me rejoindre, entende ! Les effets collatéraux de cette liberté que vos systèmes orientaux appellent libre-arbitre consistent souvent à subir un ordre de coercition, soit celui de la majorité ambiante soit un autre éloigné de vos racines et dont l'exotisme masque le même conditionnement ! Pourtant, vous vous gargarisez de sagesse et l'une d'elles occidentale cette fois, parle d'honorer le transcendant, si on y croit, non dans les temples en idées ou en pierres, mais en esprit et en vérité ! Celui qui a osé proclamer cette évidence a rencontré la souffrance et la mort sur vos croix du savoir-vivre. Comment instiller dans le cœur des hommes le même élixir d'amour qui m'a poussé irrésistiblement à créer cet univers ? Déjà, accepter l'idée très simple et fondatrice de l'unité de la transcendance, au-delà des contextes particuliers qui se rejettent violemment. La posture de peuple élu est une imposture : chacun est élu par lui-même, s'il le souhaite et quand il veut renoncer à la barbarie de renier sa filiation. Penser que je n'ai qu'un seul visage et l'imposer aux autres est aussi une imposture, souvent meurtrière.

Petite histoire de la lumière en 10 tableaux

Le Grand Rêveur m'a demandé de dessiner et d'explorer les contours d'un nouvel univers. Bien que courageuse par nature, j'ai quelques craintes car mes existences antérieures de Lumière révélée ont été remplies de surprises et les desseins de mon Maître de rêves portent encore le sceau du mystère. Il a juste murmuré à un des mes orayons, celui qui était de veille ce jour-là : « Prépare-toi à apparaître ». Justement, je n'étais pas prête, encore tout occupée à intégrer tous les reflets de ma dernière expérience. Il n'est pas dans ma nature de discuter les bruissements suggestifs du Grand Electricien.

Quand une nouvelle Histoire arrive à maturité dans le Grand Rêve et qu'elle est prête à naître, je suis envahie par l'émerveillement et la crainte. Mon rôle est important car quand j'apparais, tout est révélé et quand je disparais, plus rien n'existe, d'où mon appréhension. Et quelles nouvelles merveilles vont se révéler ?

La première fois, il murmura : « Que la Lumière soit », et je fus. Mon processus d'incarnation se déroule en dix phases et selon l'univers à révéler, il est plus ou moins agréable : j'ai l'impression de tomber dans un gouffre sans fond dont les différents niveaux sont de plus en plus épais et quelquefois j'ai peur de disparaître sans retour. Bien sûr, c'est impossible, mais j'ai besoin de toute ma clarté pour explorer ces nouvelles profondeurs.

Dans la première phase, je flotte complètement même s'il est curieux pour une énergie feu de ressentir des impressions fluidiques. Ma non-matière est en train de s'organiser et d'inventer sa cohérence car elle sera la trame invisible de la prochaine réalité. Tout sera moi dans un processus protéiforme, où toutes les entités se croiront seules et isolées alors qu'elles ne sont qu'une de mes innombrables étincelles. C'est comme si le Grand Joueur lançait un défi à tous ses visages : « Prouvez-moi que vous n'êtes qu'un. Je vous donne un indice : cette conscience a un rapport direct avec l'énergie appelée Amour. Sans elle, rien n'existe ». Je formule ainsi le murmure qui se manifeste sur ma ligne de flottaison. Tout est prêt mais rien ne se manifeste. L'activité intense est centrée sur elle-même et n'est pas encore dans le débordement. La vibration de ce malstrom se vocalise en « KETHER », un son qui vient de naître. Du silence naît la musique du vagissement du monde. Fœtus-lumière, je me laisse malaxer, engendrer, dessiner et je prends conscience progressivement de mon essence de radiance. Je change d'état en intégrant mes nouvelles possibilités. Ma vibration est si intense qu'elle doit exploser pour investir un nouveau concept, l'espace.

Je suis la deuxième vasque, qui se forme en accueillant le trop-plein de lumière primordiale. A une vitesse vertigineuse, j'investis toute la place laissée libre par le Grand Architecte qui s'est retiré car cette création va parcourir les chemins de la liberté qui portent le sceau des lettres de l'alphabet créateur, l'ADN de l'univers. Je concentre en moi un état d'être éternel et les lettres qualifient les expériences qui relient ces divins attributs qui sont aussi mes futurs apparats. Le murmure qui m'accompagne se nomme

« HOKMAH », la Sagesse éternelle. Dans cet univers dont le cœur s'est mis à battre, j'émane l'essence paternelle comme garante du principe créateur. Mais je suis qu'au début de mon processus d'expansion et malgré ma vitesse de propation, je sens que doit intervenir un nouveau paramètre, un concept de chronologie, de succession d'évènements. Ma curiosité est immense, au fur et à mesure de mon exploration et cet infini me donne le vertige car j'ai quitté le cocon douillet de la simultanéité.

Une nouvelle vasque accueille mon vertige et lui donne un nom. J'ai un passé, un futur et entre les deux, une identité qui s'égrène dans le temps et en épouse les couleurs. Malgré mon essence immortelle, cette plongée dans un flux incessant et à sens unique me donne un sentiment de fragilité qui altère la puissance de ma fonction d'illuminatrice. Je me reprends immédiatement aux accents de ma nouvelle modulation : BINAH, l'Intelligence supérieure. Je ne sais pas si son souffle puissant et mystérieux est activé par ma présence révélatrice ou si, au contraire, son Intelligence guide ma descente dans la densité.

(A suivre.)

LA CATHEDRALE INVISIBLE

Debussy a préludé la Cathédrale engloutie et Maurice Magre a fait réapparaître la Cathédrale invisible victime d'une magie funeste. Chacun d'eux, avec son art propre, a suggéré la difficulté de la présence de l'espace dédié au sacré dans ce monde largement voué à la prose. Que ce soit le temple visible ou la haute retraite de l'âme, ces lieux de miracles tombent dans l'oubli. Que ce soit sous les eaux froides d'un tourisme indifférent ou dans les poussières des légendes dispersées, les sanctuaires sont en perdition. Pourtant, par la magie de leur art, le musicien renfloue la Jérusalem glacée et le poète exorcise l'église maudite du lointain Eldorado de Cibola. Pour la vestale, pour le protecteur de la flamme et pour le gardien des hautes fréquences, le feu du saint des saints ne peut s'éteindre car il est intérieur. Ces grands artistes, par leur génie, ont proposé au monde ce que leur haut lieu d'inspiration leur a murmuré et se sont porté garants de la pérennité du souffle créateur.

Dans tous ces hauts lieux, l'esprit a soufflé et tous les arts y ont trouvé des écrins de magnificence. De même, en nous, cette source prodigieusement riche est présente et n'attend que l'audace de l'artiste pour apparaître aux yeux et aux cœurs de tous les amoureux de la verticalité.

Comme il existe une diaspora pour les peuples sans racine, il existe une chaîne invisible de tous les sanctuaires délaissés, qui attendent d'être reliés de nouveau à leur racine sacrée. Pour les juifs, le sens profond de cette dispersion est de récupérer partout les âmes perdues qui ont oublié leur essence lumineuse et errent désespérément. Leur vraie racine est à l'intérieur, mais comment le percevoir ? Comme le pèlerin au terme de son long périple, ajoute sa flamme nouvelle à l'infinie guirlande des lampes saintes déjà ressuscitées, ainsi se transmet par une secrète distillation, dans tous nos pèlerinages sur les chemins de la vie, le goût de la flamme éternelle.

Alors, englouti par ton oubli ou rendu invisible par la sombre magie des passions, ton espace dédié à l'essentiel attend patiemment le retour de l'âme égarée dans les mirages de la densité.

Quand tous ces lieux témoigneront de nouveau de leur essence lumineuse, les nuits seront moins sombres, la nostalgie des mondes éclairés sera moins lourde et une nouvelle étoile, retrouvant sa clarté originelle, ajoutera sa radiance à la luminescence des champs stellaires.

CANTIQUE A LA BEAUTE

Elle a surgi soudain au milieu des questions,
A posé sur mon front un point d'interrogation,
M'invitant à danser, les questions ont valsé,
Elle est la Déesse des musiques, la Beauté.

Rempli de questions encore est mon chant.

Perdu dans les regards, épris de leurs reflets,
Esclave de mirages aux contours mensongers,
Elle m'entraine au loin vers des rivages clairs,
Jamais Beauté me laisse m'égarer dans les airs.

Et parfois mon regard se plait dans les chimères.

Magique illusionniste, fascinant miroir,
Elle murmure au poète ce qu'il ne saurait voir,
Et au chercheur ardent les merveilles du Vrai,
Car elle sait tout de nous, l'indicible Beauté.

Et je ne sais rien d'Elle !

Exigeante maitresse aux humeurs incertaines,
Tantôt dans la caresse, plus souvent dans la peine,
Elle est pourtant mon guide quand la vie me façonne,
Ma Beauté, je t'en prie, jamais ne m'abandonne !

Sans Beauté ni Amour je retourne aux étoiles.

V

Libération finale

Je rends leur liberté à tous les mots que j'ai emprisonnés dans l'encre et à toutes les lettres, entités créatrices que les mots ne sauraient retenir captives. Ainsi volent les idées, les mots et les lettres sur les fluides courants de la sémantique. Si tu croises leur vol dans l'élévation de ton inspiration, souviens-toi de Nils sur le dos des oies sauvages : les initiatrices de la liberté !

Ainsi se clôt le LIBER OPUS 0, le livre qui libère…

Quelques références

A.E Georges William RUSSELL (1867-1935)
Le flambeau de la vision
Aux fontaines de l'inspiration

Maurice MAGRE (1877-1941)
La beauté invisible
Le Livre des visions divines

Raymond LULLE (1232-1316)
L'Arbre de la Philosophie d'Amour

Sommaire

Les Éditions de l'oeil du sphinx
36-42 rue de la Villette
75019 Paris

Tél : 09 75 32 33 55
Fax : 01 42 01 05 38

ods@oeildusphinx.com
http://boutique.oeildusphinx.com

www.ingramcontent.com/pod-product-compliance
Ingram Content Group UK Ltd.
Pitfield, Milton Keynes, MK11 3LW, UK
UKHW021126260726
13994UKWH00001B/10

9 782380 140316